새로운 도서,
다양한 자료
동양북스
홈페이지에서
만나보세요!

www.dongyangbooks.com
m.dongyangbooks.com

※ 학습자료 및 MP3 제공 여부는 도서마다 상이하므로 확인 후 이용 바랍니다.

홈페이지 도서 자료실에서 학습자료 및 MP3 무료 다운로드

PC

❶ 홈페이지 접속 후 도서 자료실 클릭
❷ 하단 검색 창에 검색어 입력
❸ MP3, 정답과 해설, 부가자료 등 첨부파일 다운로드
* 원하는 자료가 없는 경우 '요청하기' 클릭!

MOBILE

* 반드시 '인터넷, Safari, Chrome' App을 이용하여 홈페이지에 접속해주세요. (네이버, 다음 App 이용 시 첨부파일의 확장자명이 변경되어 저장되는 오류가 발생할 수 있습니다.)

❶ 홈페이지 접속 후 ☰ 터치

❷ 도서 자료실 터치

❸ 하단 검색창에 검색어 입력
❹ MP3, 정답과 해설, 부가자료 등 첨부파일 다운로드
* 압축 해제 방법은 '다운로드 Tip' 참고

쉽게 따라하고 쉽게 배우는 STEP2

좋아요 주니어 일본어

노지영, 이영아 **지음**

동양북스

쉽게 따라하고 쉽게 배우는 STEP2
좋아요
주니어
일본어

초판 인쇄 | 2025년 7월 1일
초판 발행 | 2025년 7월 9일

지은이 | 노지영, 이영아
발행인 | 김태웅
책임 편집 | 이서인
일러스트 | 조윤
디자인 | 김지혜
마케팅 총괄 | 김철영
온라인 마케팅 | 신아연
제작 | 현대순

발행처 | (주)동양북스
등 록 | 제2014-000055호
주 소 | 서울시 마포구 동교로22길 14 (04030)
구입 문의 | 전화 (02)337-1737 팩스 (02)334-6624
내용 문의 | 전화 (02)337-1762 dymg98@naver.com

ISBN 979-11-7210-116-9 14730
        979-11-7210-080-3 (세트)

머리말

안녕하세요, 일본어 학습의 첫걸음을 내딛는 여러분을 환영합니다.

이 교재는 일본어를 처음 접하는 주니어 학습자들이 효과적으로 언어의 기초를 다질 수 있도록 구성되었습니다. 이 교재에서는 기초적인 단어와 문법, 일상생활에서 자주 사용되는 표현을 중심으로 다루고 있습니다. 말하기 영역을 중심으로 다양한 상황의 예문을 제시하여, 학습자들이 자연스럽게 일본어를 이해하고 사용할 수 있도록 돕고자 합니다. 노래를 통해 어휘를 쉽게 익히고, 게임 형식의 연습을 통해 주니어 학습자들이 좀 더 흥미를 가지고 재미있게 학습할 수 있도록 하였습니다. 또한 언어뿐만 아니라 다양한 일본 문화를 접할 수 있도록 문화 이야기 편도 수록했습니다.

일본어 학습은 새로운 문화를 이해하고, 넓은 세계로 나아가는 첫걸음이기도 합니다. 이 교재를 통해 여러분이 일본어의 기초를 탄탄히 다지고, 더 나아가 일본어로 소통할 수 있는 자신감을 얻게 되기를 바랍니다.

여러분의 학습 여정에 조금이라도 도움이 되길 바라며, 끝까지 포기하지 않고 꾸준히 학습해 나가기를 응원합니다. 성공적인 학습을 기원합니다!

저자 일동

목차

이 책의 구성

| 주제와 학습 목표 |

학습을 시작하기 전에 주제와
학습 목표를 미리 살펴보아요.

| 단어를 외워요 |

중요한 단어와 표현
에 스티커를 붙이며
외워보아요.

| 함께 노래해요 |

과에서 배울 단어나
표현을 동요로 쉽고
재미있게 불러보아요.

| 말해봐요 |

그림을 보며 등장인물들의 대화를 듣고
친구와 함께 말해보아요.

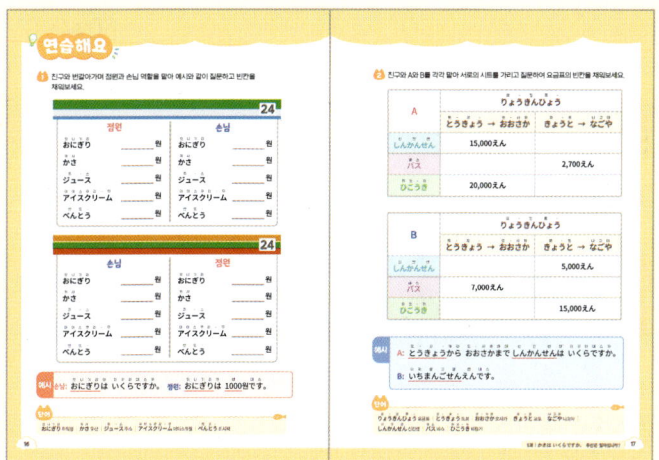

| 연습해요 |

앞에서 배운 내용을 바탕으로
친구와 연습해 보아요.

| 함께 놀아요 |

재미있는 게임을 통해 복습하며
함께 놀아보아요.

| 들어봐요 |

원어민의 목소리를 듣고 이번
과에서 공부한 내용의 문제를
풀어보아요.

| 일본이 궁금해요 |

궁금했던 일본 문화를 사진과
함께 알아보아요.

	ア단	イ단	ウ단	エ단	オ단
ア행	ア 아이스크림의 **아**	イ 악어 이빨의 **이**	ウ 동물 우리의 **우**	エ 에어컨의 **에**	オ 오르골의 **오**
カ행	カ 카메라의 **카**	キ 키보드의 **키**	ク 쿠션의 **쿠**	ケ 케이크의 **케**	コ 농구 코트의 **코**
サ행	サ 사슴의 **사**	シ 시금치의 **시**	ス 스키의 **스**	セ 세면대의 **세**	ソ 소용돌이의 **소**
タ행	タ 타올의 **타**	チ 치즈의 **치**	ツ 추락의 **츠**	テ 테이블의 **테**	ト 토마토의 **토**
ナ행	ナ 나비의 **나**	ニ 니트의 **니**	ヌ 누더기의 **누**	ネ 네트의 **네**	ノ 노트의 **노**

하마의 **ハ**	히터의 **ヒ**	후라이팬의 **フ**	해돋이의 **ヘ**	호박의 **ホ**	**ハ** 행
마이크의 **マ**	미사일의 **ミ**	무의 **ム**	메론의 **メ**	모자의 **モ**	**マ** 행
야구의 **ヤ**		유모차의 **ユ**		요가의 **ヨ**	**ヤ** 행
라디오의 **ラ**	리모컨의 **リ**	루돌프의 **ル**	레몬의 **レ**	로켓의 **ロ**	**ラ** 행
와이파이의 **ワ**				오리의 **ヲ**	**ワ** 행
은행잎의 **ン**					**ン** 행

등장인물 소개

たなか かな **다나카 카나**
일본인 학생

いしう **이시우**
한국인 유학생

きむ ゆい **김유이**
한국인 유학생

きむら そら **기무라 소라**
일본인 학생

さとう あい **사토 아이**
친구들의 담임선생님

1과

Track 1

カ サ ワ 이 꾸 라 데 스 까

かさは いくらですか。
우산은 얼마입니까?

 학습 목표

- 물건이 얼마인지 물어보고 대답해요.
- 개수를 세요.

함께 노래해요

^{히또쯔} ^{후따쯔}
ひとつ・ふたつ

"햇볕은 쨍쨍" 반주에 맞춰 불러 보세요!

한 개는 ひとつ 두 개는 ふたつ 세 개는 みっつ

네 개는 よっつ 다섯 개는 いつつ 여섯 개는 むっつ

일곱 개는 ななつ 여덟 개는 やっつ 아홉 개는 ここのつ

열 개는 とおだよ みんなでいっしょにうたいましょう

다 같이 함께 노래합시다

단어

ひとつ 하나, 한 개 ｜ ふたつ 둘, 두 개 ｜ みっつ 셋, 세 개 ｜ よっつ 넷, 네 개 ｜ いつつ 다섯, 다섯 개 ｜ むっつ 여섯, 여섯 개 ｜
ななつ 일곱, 일곱 개 ｜ やっつ 여덟, 여덟 개 ｜ ここのつ 아홉, 아홉 개 ｜ とお 열, 열 개 ｜ うたう 노래하다

단어를 외워요

● 개수

하나, 1개 ^{히또쯔} ひとつ	둘, 2개 ^{후따쯔} ふたつ	셋, 3개 ^{밋쯔} みっつ	넷, 4개 ^{욧쯔} よっつ	다섯, 5개 ^{이쯔쯔} いつつ
여섯, 6개 ^{뭇쯔} むっつ	일곱, 7개 ^{나나쯔} ななつ	여덟, 8개 ^{얏쯔} やっつ	아홉, 9개 ^{코코노쯔} ここのつ	열, 10개 ^{토-} とお

● 돈 세기 (단위: 円 = ^엔えん)

100円 ひゃくえん	1000円 せんえん	10000円 いちまんえん
200円 にひゃくえん	2000円 にせんえん	20000円 にまんえん
300円 さんびゃくえん	3000円 さんぜんえん	30000円 さんまんえん
400円 よんひゃくえん	4000円 よんせんえん	40000円 よんまんえん
500円 ごひゃくえん	5000円 ごせんえん	50000円 ごまんえん
600円 ろっぴゃくえん	6000円 ろくせんえん	60000円 ろくまんえん
700円 ななひゃくえん	7000円 ななせんえん	70000円 ななまんえん
800円 はっぴゃくえん	8000円 はっせんえん	80000円 はちまんえん
900円 きゅうひゃくえん	9000円 きゅうせんえん	90000円 きゅうまんえん

1 스티커를 붙여보세요.

우산 주스 주먹밥 도시락 아이스크림

말해봐요

1 선생님과 친구들이 가격을 물어보고 있어요.

Track 1-3

시우
스 미 마 셍　　카 사 와
すみません、かさは
이 꾸 라 데 스 까
いくらですか。
저기요, 우산은 얼마예요?

점원
고 햐 꾸　엔　데 스
500えんです。
500엔입니다.

시우
히 또 쯔　쿠 다 사 이
ひとつ ください。
한 개 주세요.

소라
이 찌 지 깡　이 꾸 라 데 스 까
いちじかん いくらですか。
한 시간에 얼마예요?

점원
이 찌 지 깡　욘 햐 꾸　엔　데 스
いちじかん 400えんです。
한 시간에 400엔이에요.

소라
쥬　-　스 와　이 꾸 라 데 스 까
ジュースは いくらですか。
주스는 얼마예요?

점원
햐꾸고쥬-　엔　데 스
150えんです。
150엔이에요.

 단어

스 미 마 셍　　　　　　　　　카 사　　　　이 꾸 라 데 스 까　　　　　히 또 쯔　　　쥬　-　스
すみません 저기요, 실례합니다 ┃ **かさ** 우산 ┃ **いくらですか** 얼마입니까 ┃ **ひとつ** 1개 ┃ **ジュース** 주스

카나 すみません、とうきょうから
おおさかまで しんかんせんの
チケットは いくらですか。

저기요, 도쿄에서 오사카까지 신칸센
티켓 얼마예요?

점원 かたみちで 14000えんです。

편도에 14000엔이에요..

카나 いちまい ください。

한 장 주세요.

선생님 この ズボン いくらですか。

이 바지 얼마예요?

점원 3000えんです。

3000엔이에요.

선생님 Mサイズ ありますか。

M사이즈 있어요?

점원 はい、あります。

네, 있어요.

선생님 Mサイズ ひとつ
おねがいします。

M사이즈 하나 부탁드려요.

 단어

とうきょう 도쿄 | おおさか 오사카 | しんかんせん 신칸센 | チケット 티켓 | かたみち 편도 | いちまい 한 장 |
ズボン 바지 | おねがいします 부탁합니다

연습해요

1. 친구와 번갈아가며 점원과 손님 역할을 맡아 예시와 같이 질문하고 빈칸을 채워보세요.

24

점원		손님	
오니기리 おにぎり	_____원	오니기리 おにぎり	_____원
카사 かさ	_____원	카사 かさ	_____원
쥬-스 ジュース	_____원	쥬-스 ジュース	_____원
아이스쿠리-무 アイスクリーム	_____원	아이스쿠리-무 アイスクリーム	_____원
벤또- べんとう	_____원	벤또- べんとう	_____원

24

손님		점원	
오니기리 おにぎり	_____원	오니기리 おにぎり	_____원
카사 かさ	_____원	카사 かさ	_____원
쥬-스 ジュース	_____원	쥬-스 ジュース	_____원
아이스쿠리-무 アイスクリーム	_____원	아이스쿠리-무 アイスクリーム	_____원
벤또- べんとう	_____원	벤또- べんとう	_____원

예시

손님: 오니기리와 이꾸라데스까
おにぎりは いくらですか。　점원: 오니기리와 셍 데스
おにぎりは 1000원です。

단어

오니기리
おにぎり 주먹밥 | 카사
かさ 우산 | 쥬-스
ジュース 주스 | 아이스쿠리-무
アイスクリーム 아이스크림 | 벤또-
べんとう 도시락

친구와 A와 B를 각각 맡아 서로의 시트를 가리고 질문하여 요금표의 빈칸을 채워보세요.

A	りょうきんひょう	
	とうきょう → おおさか	きょうと → なごや
しんかんせん	15,000えん	
バス		2,700えん
ひこうき	20,000えん	

B	りょうきんひょう	
	とうきょう → おおさか	きょうと → なごや
しんかんせん		5,000えん
バス	7,000えん	
ひこうき		15,000えん

예시

A: とうきょうから おおさかまで しんかんせんは いくらですか。

B: いちまんごせんえんです。

단어

りょうきんひょう 요금표 | とうきょう 도쿄 | おおさか 오사카 | きょうと 교토 | なごや 나고야
しんかんせん 신칸센 | バス 버스 | ひこうき 비행기

함께 놀아요

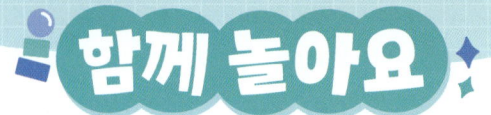

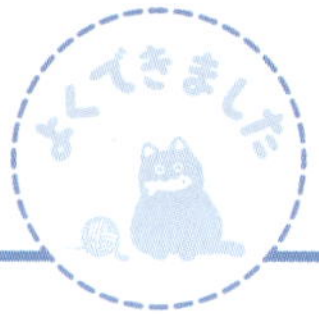

1000엔의 행복

놀이 방법

1. 한 사람은 점원 역할, 한 사람은 손님 역할을 맡아요.
2. 손님은 1000엔의 예산으로 사고 싶은 물건을 골라 계산대 위에 붙여요.
   스티커 부록 145-147P
3. 점원은 1000엔에 가깝게 골랐는지 계산해봐요.
4. 역할을 번갈아 하면서 예산 1000엔에 더 가깝게 고른 사람이 "よくできました (참 잘했어요)" 스티커를 받아요! 스티커 부록 159P

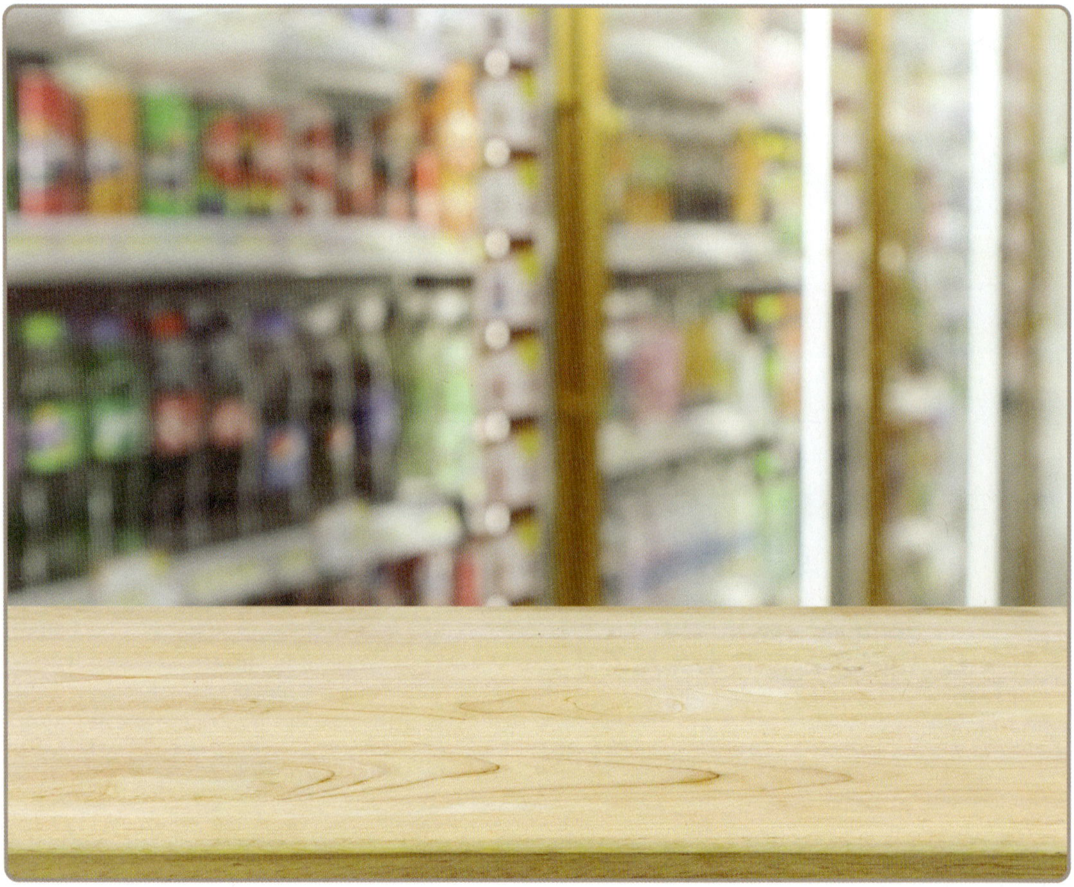

들어봐요

1 대화를 듣고 질문에 알맞은 답을 고르세요.

1 전부 얼마입니까?

- ① 800えん
- ② 900えん
- ③ 1000えん
- ④ 1100えん

2 버스 티켓은 얼마입니까?

- ① 5000えん
- ② 10000えん
- ③ 15000えん
- ④ 20000えん

· 일본의 테마파크 ·

일본의 관광 명소 하면 빼놓을 수 없는 곳이 테마파크예요. 도쿄 디즈니랜드와 디즈니씨, 오사카에 있는 유니버설 스튜디오와 같은 대형 테마파크뿐만 아니라, 인기 캐릭터로 한껏 꾸민 산리오 퓨로랜드, 액티비티한 놀이기구가 가득한 후지큐 하이랜드 등 매우 다양하답니다. 남녀노소 불문하고 누구나 즐길 수 있는 테마파크지만, 인기가 많은 만큼 언제나 많은 사람들로 붐비기 때문에 인기 있는 놀이 기구를 타기 위해서는 부지런함이 필수예요.

1 유니버설 스튜디오, 오사카

2 산리오 퓨로랜드, 도쿄

3 도쿄 디즈니씨, 치바

4 도쿄 디즈니랜드, 치바

5 후지큐 하이랜드, 야마나시

2과

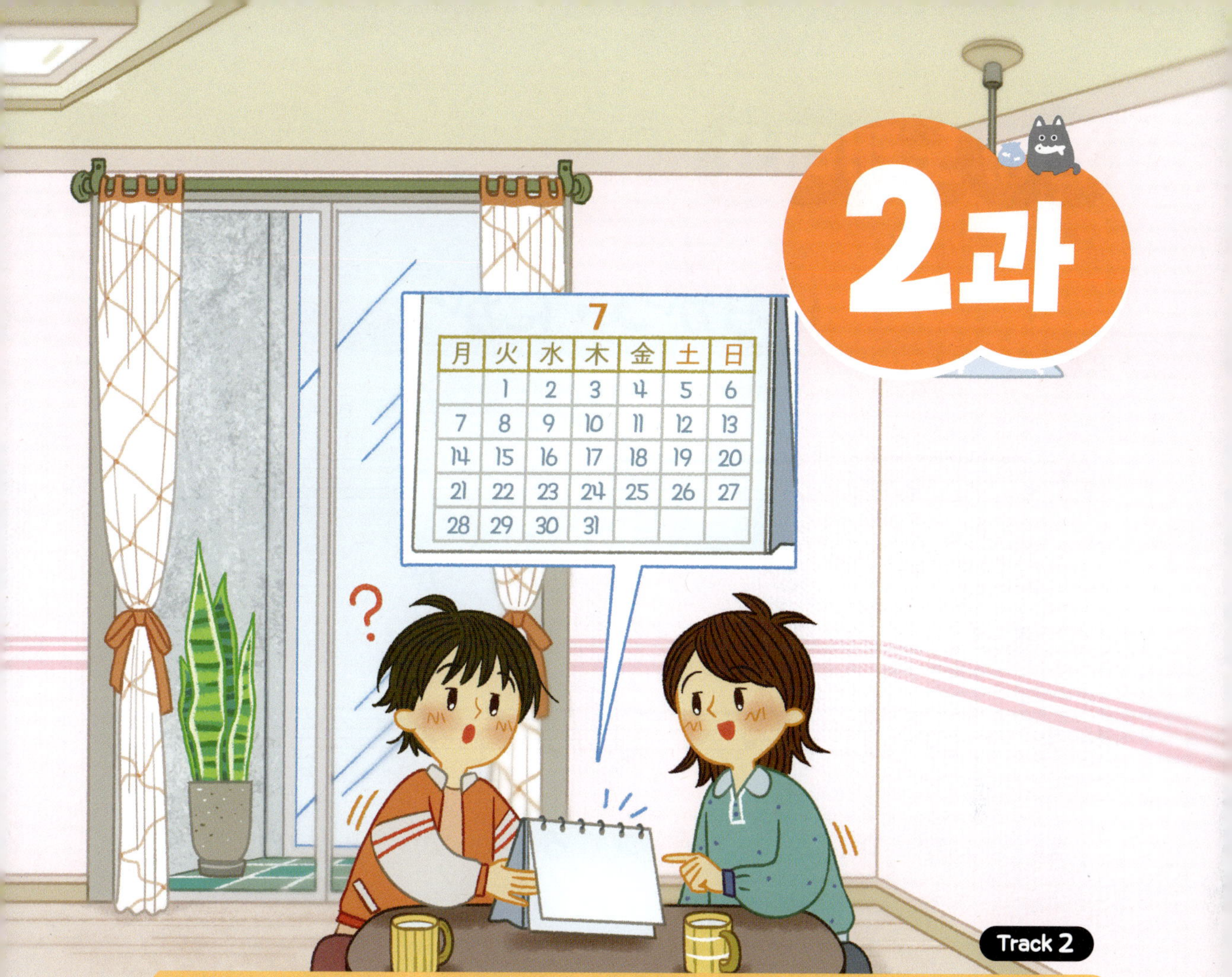

Track 2

코 - 와

きょうは

난 가 쯔 난 니 찌

なんがつ なんにち？

오늘은 몇 월 며칠이야?

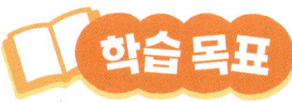

학습 목표

- 날짜를 물어보고 대답해요.
- 내 생일을 말해요.

이 찌 가 쯔   니 가 쯔
いちがつ・にがつ

"가보트" 반주에 맞춰 불러 보세요!

이 찌 가 쯔 니   가 쯔 상   가   쯔
い ち が つ に   が つ さん   が   つ

1월   2월   3월

시   가 쯔 고   가 쯔 로꾸 가   쯔
し   が つ ご   が つ ろく   が   つ

4월   5월   6월

시 찌 가 쯔 하 찌 가 쯔 쿠   가   쯔
し ち が つ は ち が つ く   が   つ

7월   8월   9월

쥬-   가   쯔 쥬-이찌가 쯔 쥬-니 가   쯔
じゅう が   つ じゅういちが つ じゅうに が   つ

10월   11월   12월

단어

이 찌가쯔   니 가쯔   상 가쯔   시가쯔   고 가쯔   로꾸 가쯔   시 찌가쯔
いちがつ 1월 | にがつ 2월 | さんがつ 3월 | しがつ 4월 | ごがつ 5월 | ろくがつ 6월 | しちがつ 7월 |

하 찌가쯔   쿠 가쯔   쥬- 가쯔   쥬-이찌가쯔   쥬-니 가쯔
はちがつ 8월 | くがつ 9월 | じゅうがつ 10월 | じゅういちがつ 11월 | じゅうにがつ 12월

단어를 외워요 たんご

① 1월부터 12월까지 스티커를 붙여보세요.

にち ようび	げつ ようび	か ようび	すい ようび	もく ようび	きん ようび	ど ようび
1일	2일	3일	4일	5일	6일	7일
츠이따찌 ついたち	후쯔까 ふつか	믹까 みっか	욕까 よっか	이쯔까 いつか	무이까 むいか	나노까 なのか
8일	9일	10일	11일	12일	13일	14일
요-까 ようか	코코노까 ここのか	토-까 とおか	쥬- じゅう 이찌니찌 いちにち	쥬- じゅう 니니찌 ににち	쥬- じゅう 산니찌 さんにち	쥬- じゅう 욕까 よっか
15일	16일	17일	18일	19일	20일	21일
쥬- じゅう 고니찌 ごにち	쥬- じゅう 로꾸니찌 ろくにち	쥬- じゅう 시찌니찌 しちにち	쥬- じゅう 하찌니찌 はちにち	쥬- じゅう 쿠니찌 くにち	하쯔까 はつか	니쥬- にじゅう 이찌니찌 いちにち
22일	23일	24일	25일	26일	27일	28일
니쥬- にじゅう 니니찌 ににち	니쥬- にじゅう 산니찌 さんにち	니쥬- にじゅう 욕까 よっか	니쥬- にじゅう 고니찌 ごにち	니쥬- にじゅう 로꾸니찌 ろくにち	니쥬- にじゅう 시찌니찌 しちにち	니쥬- にじゅう 하찌니찌 はちにち
29일	30일	31일				
니쥬- にじゅう 쿠니찌 くにち	산쥬- さんじゅう 니찌 にち	산쥬- さんじゅう 이찌니찌 いちにち				

1월 2월 3월 4월 5월 6월 7월 8월 9월 10월 11월 12월

1 친구들이 날짜를 물어보고 대답하고 있어요. Track 2-3

시우
카나 상 노   탄 죠- 비와 이쯔
かなさんの たんじょうびは いつ？

카나 생일은 언제야?

카나
와따시 노   탄 죠- 비 와
わたしの たんじょうびは
시 찌가쯔 쥬- 고 니 찌
しちがつ じゅうごにち。
시 우 상 노   탄 죠- 비 와
しうさんの たんじょうびは？

내 생일은
7월 15일.
시우 생일은?

시우
보꾸 노   탄 죠- 비와
ぼくの たんじょうびは
쥬- 이 찌가쯔 나 노 까
じゅういちがつ なのか。

내 생일은
11월 7일이야.

카나
잇 쇼 니 파- 티- 시요-
いっしょに パーティーしよう。

같이 파티하자.

시우
응   타 노 시 미
うん、たのしみ。

응. 기대된다.

탄 죠-비   이쯔   잇 쇼 니   파- 티-   시요-   타 노 시 미
たんじょうび 생일 ┃ いつ 언제 ┃ いっしょに 같이 ┃ パーティー 파티 ┃ しよう 하자 ┃ たのしみ 기대됨

소라 <ruby>なつやすみ<rt>나쯔야스미</rt></ruby>は いつから いつまで？   여름방학은 언제부터 언제까지야?

なつやすみは いつから いつまで？ (나쯔야스미와 이쯔까라 이쯔마데)

유이 しちがつ はつかから (시찌가쯔 하쯔까까라)   7월 20일부터

はちがつ さんじゅうにちまで。 (하찌가쯔 산 쥬-니찌마데)   8월 30일까지야.

소라 なつやすみに よてい ある？ (나쯔야스미니 요테- 아루)   여름방학에 예정 있어?

유이 うん。はちがつ ついたちに (응 하찌가쯔 츠이따찌니)   응. 8월 1일에

コンサートに いく。 (콘 사-토니 이꾸)   콘서트에 가.

소라 いいな。たのしみだね。 (이-나 타노시미다네)   좋겠다. 기대되겠어.

 단어

なつやすみ 여름방학 (나쯔야스미) | 〜から〜まで 〜부터 〜까지 (카라 마데) | よてい 예정 (요테-) | コンサート 콘서트 (콘 사-토) | いいな 좋겠다 (이-나)

1 친구와 A와 B를 각각 맡아 질문하고 빈칸을 채워보세요.

A	B
1. _{쿄 - 와} きょうは _{난 가쯔 난 니찌데스까} なんがつ なんにちですか。	대답: _____
대답: _____	2. _{탄 죠 - 비와} たんじょうびは _{난 가쯔 난 니찌데스까} なんがつ なんにちですか。
3. _{코 도 모 노 히 와} こどものひは _{난 가쯔 난 니찌데스까} なんがつ なんにちですか。	대답: _____
대답: _____	4. _{크 리 스 마 스 이 브 와} クリスマスイブは _{난 가쯔 난 니찌데스까} なんがつ なんにちですか。

단어

なんがつ 몇월	なんにち 며칠	たんじょうび 생일	こどものひ 어린이날	クリスマスイブ 크리스마스 이브
난 가쯔	난 니찌	탄 죠 - 비	코 도 모 노 히	크 리 스 마 스 이 브

2 친구들에게 생일을 물어 보고 빈칸을 채워보세요.

ともだちの なまえ 토모다찌노 나마에 **친구 이름**	たんじょうび 탄쬬-비
❶	
❷	
❸	

A: ゆいさんの たんじょうびは いつですか。
유이 상 노   탄 쬬 - 비 와 이쯔데스까

유이의 생일은 언제입니까?

B: くがつ いつかです。
쿠 가 쯔 이쯔까데스

9월 5일입니다.

단어

たんじょうび 생일 | いつですか 언제입니까?
탄 쬬 - 비   이 쯔 데 스 까

함께 놀아요

1 달력에 중요한 날을 체크하고 발표해 보세요.

> **예시**
>
> 이 찌 가 쯔 토 - 까 와 오 까 - 상 노 탄 죠 - 비 데 스
> いちがつ とおかは おかあさんの たんじょうびです。 1월 10일은 엄마의 생일입니다.
>
> 산 가 쯔 믹 까 와 히 나 마 쯔 리 데 스
> さんがつ みっかは ひなまつりです。 3월 3일은 히나마츠리입니다.
>
> 쥬 - 니 가 쯔 니 쥬 - 고 니 찌 와 크 리 스 마 스 데 스
> じゅうにがつ にじゅうごにちは クリスマスです。 12월 25일은 크리스마스입니다.

1月

Sunday	Monday	Tuesday	Wednesday	Thursday	Friday	Saturday
			1	2	3	4
5	6	7	8	9	10	11
12	13	14	15	16	17	18
19	20	21	22	23	24	25
26	27	28	29	30	31	

2月

Sunday	Monday	Tuesday	Wednesday	Thursday	Friday	Saturday
						1
2	3	4	5	6	7	8
9	10	11	12	13	14	15
16	17	18	19	20	21	22
23	24	25	26	27	28	

3月

Sunday	Monday	Tuesday	Wednesday	Thursday	Friday	Saturday
						1
2	3	4	5	6	7	8
9	10	11	12	13	14	15
16	17	18	19	20	21	22
23	24	25	26	27	28	29
30	31					

4月

Sunday	Monday	Tuesday	Wednesday	Thursday	Friday	Saturday
		1	2	3	4	5
6	7	8	9	10	11	12
13	14	15	16	17	18	19
20	21	22	23	24	25	26
27	28	29	30			

5月

Sunday	Monday	Tuesday	Wednesday	Thursday	Friday	Saturday
				1	2	3
4	5	6	7	8	9	10
11	12	13	14	15	16	17
18	19	20	21	22	23	24
25	26	27	28	29	30	31

6月

Sunday	Monday	Tuesday	Wednesday	Thursday	Friday	Saturday
1	2	3	4	5	6	7
8	9	10	11	12	13	14
15	16	17	18	19	20	21
22	23	24	25	26	27	28
29	30					

7月

Sunday	Monday	Tuesday	Wednesday	Thursday	Friday	Saturday
		1	2	3	4	5
6	7	8	9	10	11	12
13	14	15	16	17	18	19
20	21	22	23	24	25	26
27	28	29	30	31		

8月

Sunday	Monday	Tuesday	Wednesday	Thursday	Friday	Saturday
					1	2
3	4	5	6	7	8	9
10	11	12	13	14	15	16
17	18	19	20	21	22	23
24	25	26	27	28	29	30
31						

9月

Sunday	Monday	Tuesday	Wednesday	Thursday	Friday	Saturday
	1	2	3	4	5	6
7	8	9	10	11	12	13
14	15	16	17	18	19	20
21	22	23	24	25	26	27
28	29	30				

10月

Sunday	Monday	Tuesday	Wednesday	Thursday	Friday	Saturday
			1	2	3	4
5	6	7	8	9	10	11
12	13	14	15	16	17	18
19	20	21	22	23	24	25
26	27	28	29	30	31	

11月

Sunday	Monday	Tuesday	Wednesday	Thursday	Friday	Saturday
						1
2	3	4	5	6	7	8
9	10	11	12	13	14	15
16	17	18	19	20	21	22
23	24	25	26	27	28	29
30						

12月

Sunday	Monday	Tuesday	Wednesday	Thursday	Friday	Saturday
	1	2	3	4	5	6
7	8	9	10	11	12	13
14	15	16	17	18	19	20
21	22	23	24	25	26	27
28	29	30	31			

Track 2-4

1 대화를 듣고 질문에 알맞은 답을 고르세요.

1 시우의 생일은 몇 월 며칠입니까?

1 7월 22일

2 7월 23일

3 8월 22일

4 8월 23일

2 여름방학은 언제부터 언제까지입니까?

1 7월 20일 ~ 8월 30일

2 7월 20일 ~ 8월 31일

3 7월 21일 ~ 8월 30일

4 7월 21일 ~ 8월 31일

• 일본의 운전 •

일본은 한국과 달리 좌측통행을 하는 나라예요. 한국과 방향이 반대이기 때문에 택시를 타거나 렌터카로 여행할 때 생소한 느낌을 받게 돼요. 실제로 운전을 해보면 평소와의 감각과 다르기 때문에 운전할 때는 각별히 주의해야 해요.

◀ 일본의 차도(좌측통행)

자동차의 핸들 또한 한국과는 반대로 오른쪽에 있어요. 이는 영국의 영향을 받은 것으로 알려져 있으며 영국, 일본뿐만 아니라, 호주, 인도 등 약 30% 이상의 국가가 오른쪽 핸들을 사용하고 있답니다.

◀ 일본의 자동차(오른쪽 핸들)

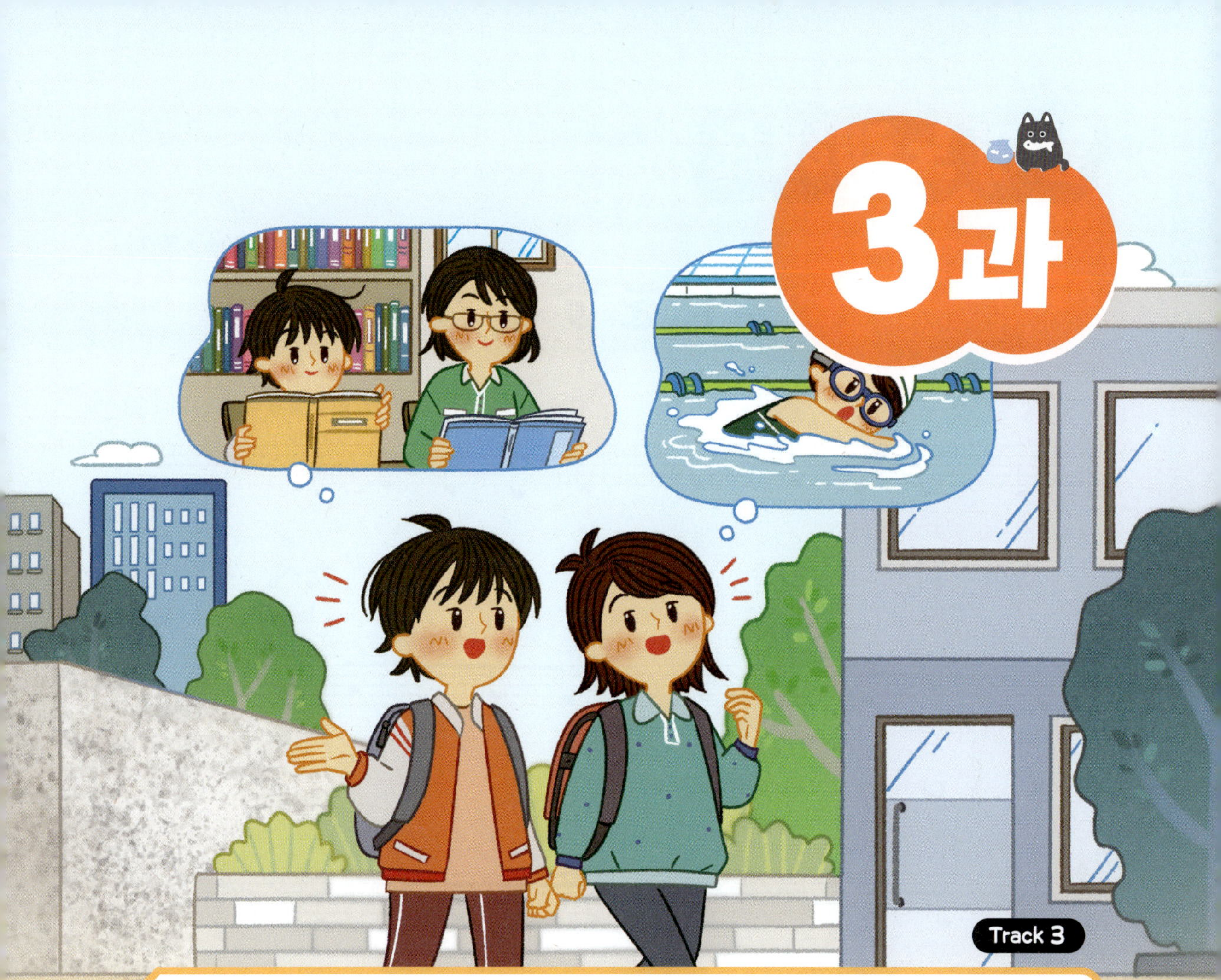

Track 3

しゅうまつは なにを する？

슈 - 마 쯔 와

나 니 오 스 루

주말엔 뭐 해?

 학습 목표

- 기본 동사를 배워요.
- 일상 이야기를 해요.

Track 3-1

なにを する？
나 니 오 스 루

"Down BY The Station" 반주에 맞춰 불러 보세요!

일어 나 다 おきる 먹 다 たべる
오 끼 루　　　　　　　타 베 루

보 다 みる 자 다 ねる
미 루　　　　네 루

만 나 다 あう 읽 다 よむ
아 우　　　요 무

しゅうま つ は なにをする
슈 - 마 쯔 와　　나 니 오 스 루

주말엔　　　　　　뭐 해?

단어

おきる 일어나다 | たべる 먹다 | みる 보다 | ねる 자다 | あう 만나다 | よむ 읽다 | しゅうまつ 주말 | する 하다
오 끼 루　　　타 베 루　　미 루　　네 루　　아 우　　요 무　　슈 - 마 쯔　　　스 루

단어를 외워요 たんご

1 그림과 관련된 동사를 스티커로 붙여보세요.

먹다

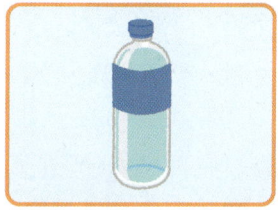

마시다

말하다

보다

듣다

운동하다

책을 읽다

공부하다

1 친구들이 이야기하고 있어요.

유이
마이니찌　난　지니　오끼루
まいにち、なんじに　おきる？
매일 몇 시에 일어나?

소라
보꾸와　시찌지니　오끼루
ぼくは　しちじに　おきる。
유이상와　난　지니　오끼루
ゆいさんは　なんじに　おきる？
난 7시에 일어나. 유이는 몇 시에 일어나?

유이
와따시와　로꾸지니　오끼루
わたしは　ろくじに　おきる。
난 6시에 일어나.

소라
하야이네
はやいね。
빠르네.

시우
슈-마쯔와　나니오　스루
しゅうまつは　なにを　する？
주말은 뭐해?

카나
와따시와　스이밍구
わたしは　スイミング
쿄-시쯔니　이꾸
きょうしつに　いく。
시우상　와
しうさんは？
난 수영교실에 가. 시우는?

시우
보꾸와　오까-상　또
ぼくは　おかあさんと
토쇼　깡니　이꾸
としょかんに　いく。
난 엄마랑 도서관에 가.

마이니찌　　　　　　오끼루　　　　　　하야이　　　　　　　슈-마쯔　　　　　　스이밍구쿄-시쯔
まいにち 매일 | **おきる** 일어나다 | **はやい** 이르다, 빠르다 | **しゅうまつ** 주말 | **スイミングきょうしつ** 수영교실 |
이꾸　　　　토쇼　깡
いく 가다 | **としょかん** 도서관

카나	しうさんは、まいにち あさごはん たべるの？	시우는 매일 아침 먹어?

카나
しう_{시우}さん_상は_와、まいにち_{마이니찌}
あさごはん_{아사고항} たべるの_{타베루노}？

시우는 매일
아침 먹어?

시우
うん_응、たべるよ_{타베루요}。
ぼくは_{보꾸와} ふつう_{후쯔-} おにぎり_{오니기리} たべる_{타베루}。
かなさん_{카나상}も_모 あさごはん_{아사고항} たべる_{타베루}？

응 먹어,
난 보통 주먹밥 먹어.
카나도 아침 먹어?

카나
ううん_{우-응}、わたしは_{와따시와} いつも_{이쯔모}
ねぼうするから_{네보-스루까라} じかん_{지깡}が_가 ない_{나이}。

아니, 난 항상
늦잠 자서 시간이 없어.

 단어

あさごはん_{아사고항} 아침밥	たべる_{타베루} 먹다	ふつう_{후쯔-} 보통	おにぎり_{오니기리} 주먹밥	ねぼうする_{네보-스루} 늦잠 자다

연습해요

1. 친구와 A와 B를 각각 맡아 서로의 시트를 가리고 A를 맡은 친구가 한국어로 말하면 B를 맡은 친구가 일본어로 말해보세요.

A			
일어나다	공부하다	아침을 먹다	학교에 가다
텔레비전을 보다	샤워하다	자다	책을 읽다
음악을 듣다	운동하다	이야기하다	숙제를 하다
집에 돌아가다	게임을 하다	친구를 만나다	친구와 놀다

B			
오끼루 おきる	벵꾜-스루 べんきょうする	아사고항오 あさごはんを 타베루 たべる	각꼬-니이꾸 がっこうにいく
테레비오미루 テレビをみる	샤와오 シャワーを 아비루 あびる	네루 ねる	홍오요무 ほんをよむ
옹가꾸오키꾸 おんがくをきく	운도-스루 うんどうする	하나스 はなす	슈꾸다이오 しゅくだいを 스루 する
이에니카에루 いえにかえる	게-무오스루 ゲームをする	토모다찌니아우 ともだちにあう	토모다찌또 ともだちと 아소부 あそぶ

36

2 생활계획표를 만들어 하루 일과에 대해 말해보세요.

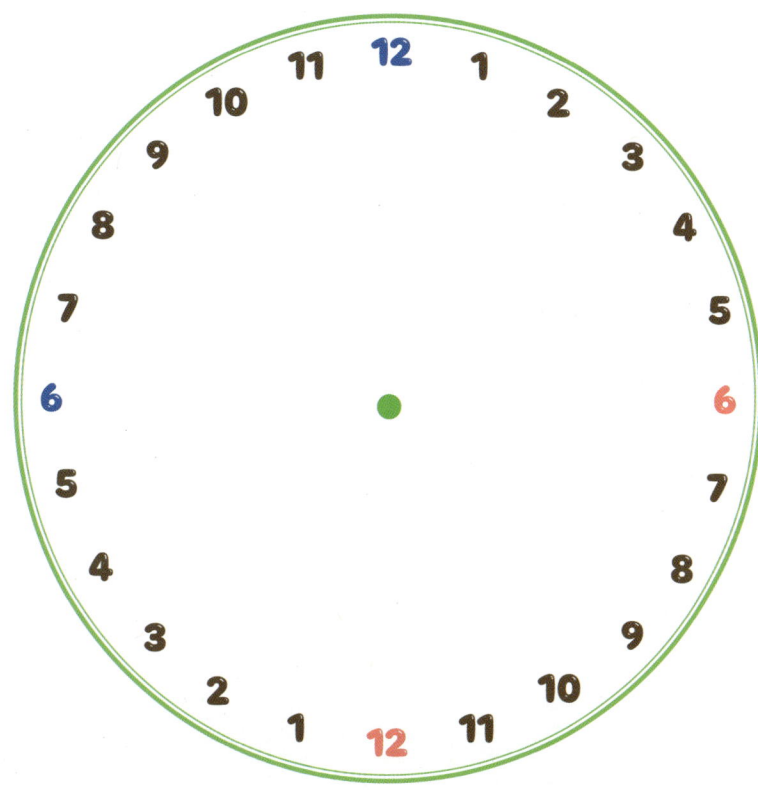

<ruby>わ</ruby>따 <ruby>し</ruby>시 <ruby>わ</ruby>와 <ruby>し</ruby>시 <ruby>ち</ruby>치 <ruby>じ</ruby>찌 <ruby>に</ruby>니 <ruby>お</ruby>오 <ruby>き</ruby>끼 <ruby>る</ruby>루
わたしは しちじに おきる。
나는 7시에 일어난다.

쿠 지 까 라　산 지 마 데
くじから さんじまで
각 꼬 - 데 벵 꾜 - 오 스 루
がっこうで べんきょうを する。
9시부터 3시까지 학교에서 공부를 한다.

시 찌 지 니　홍 오 요 무
しちじに ほんを よむ。
7시에 책을 읽는다.

쿠 지 니 네 루
くじに ねる。
9시에 잔다.

함께 놀아요

• 쉬는 날에 뭐 하니? •

놀이 방법

1 세 팀으로 나누고 선생님이 やすみの ひに なにを する？ (쉬는 날에 뭐 하니?)라는

아 스 미 노 히 니 나 니 오 스 루

질문을 해요.

2 한 팀의 한 명씩 차례대로 대답해요.

3 대답이 끊기는 팀은 탈락하게 되고, 마지막까지 대답하는 팀이

"よくできました (참 잘했어요)" 스티커를 받아요! 스티커 부록 159P

예시 1팀: ほんを よむ → 2팀: ともだちに あう → 3팀: かいものを する →

홍 요 오 무   토 모 다 찌 니 아 우   카 이 모 노 오 스 루

4팀: ゲームを する → •••

게 - 무 오 스 루

들어봐요

1 다음을 듣고 내용에 알맞은 그림을 고르세요.

1

① 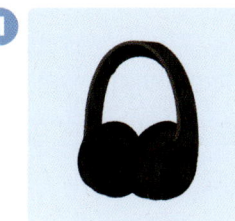　② 　③

2

① 　② 　③

2 다음을 듣고 질문에 알맞은 답을 고르세요.

· 이 사람은 5시에 무엇을 합니까?

① いえに かえる　　② ピアノ きょうしつに いく

③ としょかんに いく　④ ごはんを たべる

• 오미소카 (한 해의 마지막 날) •

　일본에서는 한 해의 마지막 날인 12월 31일을 'おおみそか(오미소카)'라고 불러요. 한 해를 정리하고 새해를 맞이하는 중요한 날로써 전통 행사를 하며 한 해를 마무리해요.

　오미소카의 전통행사 중 가장 대표적인 것은 제야의 종입니다. 한국과 마찬가지로 12월 31일에서 1월 1일로 넘어가는 밤 12시에 울리는 종소리로 지난해를 보내고 새로운 해를 맞이하는 것을 의미해요. 「홍백가합전」이라는 인기 연말 가요제를 보며 제야의 종을 기다리기도 한답니다.

　오미소카에는 'としこしそば(토시코시소바)'를 먹어요. 한 해를 넘기며 먹는 소바라는 의미인데요, 소바는 면이 길기 때문에 장수의 의미와 좋은 운이 지속된다는 의미가 있어요. 또한 소바는 잘 끊어지기 때문에 한 해의 걱정이나 시름을 끊어버린다는 의미도 있어요.

▲ 제야의 종

▲ 토시코시 소바

Track 4

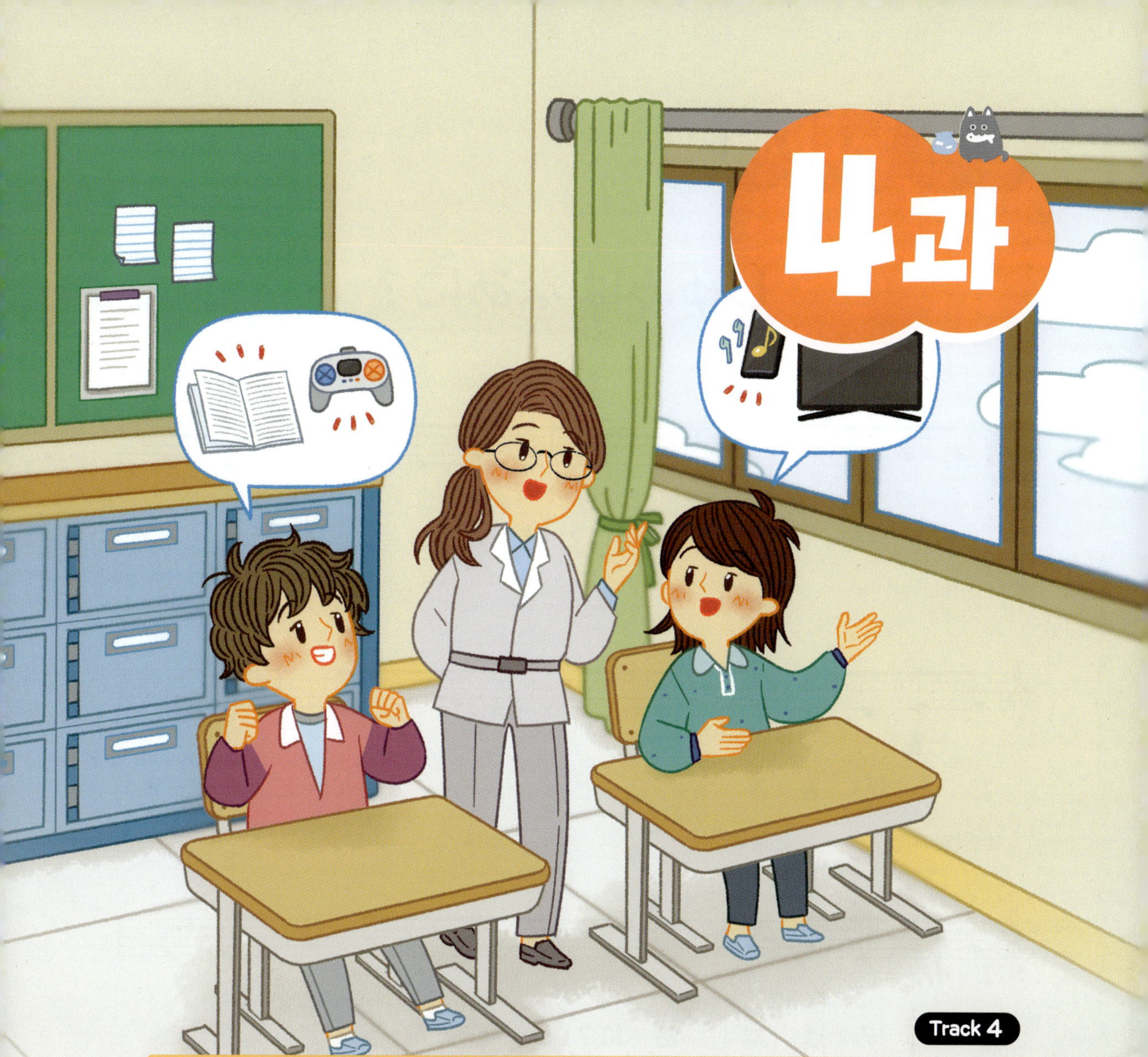

しゅみは なあに？
슈미와 나 - 니

취미는 뭐야?

 **학습 목표**

- 취미를 물어보고 대답해요.
- [~하는 것] 표현을 배워요.

함께 노래해요 ♪

Track 4-1

しゅみは なあに？
（슈미와 나-니）

"A-Tisket, A-Tasket" 반주에 맞춰 불러 보세요!

しゅ み は な あ に？ ほん を よむ こと
(슈 미 와 나 - 니 롱 오 요 무 꼬 또)
취미가 뭐야? 책을 읽는 것

おん が く を き く こと え を か く こと
(옹 가 꾸 오 키 꾸 꼬 또 에 오 카 꾸 꼬 또)
음악을 듣는 것 그림을 그리는 것

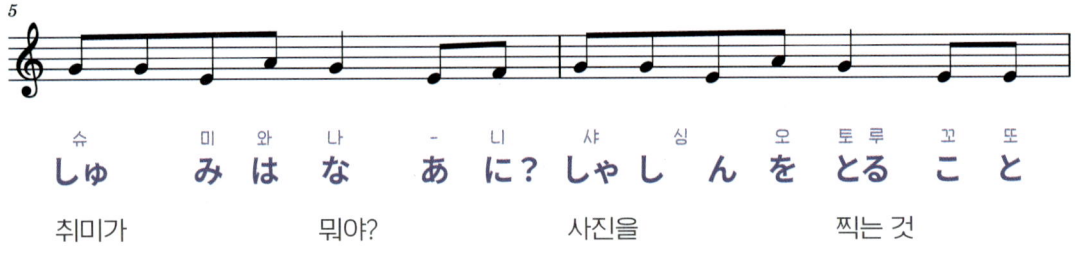

しゅ み は な あ に？ しゃ し ん を とる こと
(슈 미 와 나 - 니 샤 싱 오 토 루 꼬 또)
취미가 뭐야? 사진을 찍는 것

サッ カー を す る こと ピアノ を ひ く こと
(삭 까- 오 스 루 꼬 또 피아노 오 히 꾸 꼬 또)
축구를 하는 것 피아노를 치는 것

단어

しゅみ 취미 (슈미) | なあに? 뭐야? (나-니) | ほん 책 (롱) | 〜を 〜을(를) (오) | よむこと 읽는 것 (요무꼬또) | おんがく 음악 (옹가꾸) | きくこと 듣는 것 (키꾸꼬또) |
え 그림 (에) | かくこと 그리는 것 (카꾸꼬또) | しゃしん 사진 (샤싱) | とること 찍는 것 (토루꼬또) | サッカー 축구 (삭까-) | すること 하는 것 (스루꼬또) |
ピアノ 피아노 (피아노) | ひくこと 치는 것 (히꾸꼬또)

단어를 외워요 _{たんご}

스티커 부록 149쪽

1 그림에 알맞은 스티커 붙여보세요.

> 취미 は なあに？

ほんを 　읽는것

おんがくを 　듣는것

えを 　그리는것

サッカーを 　하는것

しゃしんを 　찍는것

テレビを 　보는것

ピアノを 　치는것

にんぎょうを 　만드는것

🎤 말해봐요

1 학교에서 친구들이 취미에 대해 이야기하고 있어요.

시우 _{카나 상　　슈미와 나ー니}
かなさん、しゅみは なあに？
카나야, 취미가 뭐야?

카나 _{옹가꾸오 키꾸 꼬또다요}
おんがくを きく ことだよ。
음악을 듣는 거야.

_{시우 상 노　　슈미와 나ー니}
しうさんの しゅみは なあに？
시우의 취미는 뭐야?

시우 _{삭 까ー오 스루 꼬또}
サッカーを する こと。
축구를 하는 거야.

유이 _{소라 상 와　　홍 오}
そらさんは ほんを
_{요무 꼬또가 스키}
よむ ことが すき？
소라는 책을 읽는 것을 좋아해?

소라 _{응　　스키다요}
うん、すきだよ。
응, 좋아해.

유이 _{쟈ー　　에오 카꾸 꼬또와}
じゃあ、えを かく ことは？
그럼, 그림을 그리는 것은?

소라 _{에오 카꾸 꼬또와 아마리}
えを かく ことは あまり
_{스키 쟈 나이}
すきじゃ ない。
그림을 그리는 것은 별로 좋아하지 않아.

🐱 단어

_{슈미} しゅみ 취미 | _{옹가꾸} おんがく 음악 | _오 ~を ~을(를) | _{키꾸꼬또} きくこと 듣는 것 | _{삭 까ー} サッカー 축구 | _{스루꼬또} すること 하는 것 | _홍 ほん 책 |
_{요무꼬또} よむこと 읽는 것 | _{스키다} すきだ 좋아하다 | _에 え 그림 | _{카꾸꼬또} かくこと 그리는 것 | _{아마리} あまり 별로 | _{스키 쟈 나이} すきじゃ ない 좋아하지 않아

선생님 <ruby>そら<rt>소 라</rt></ruby><ruby>さん<rt>상</rt></ruby>の <ruby>しゅみ<rt>슈 미</rt></ruby>は <ruby>なんですか<rt>난 데스까</rt></ruby>。　　소라의 취미는 뭐예요?

소라 <ruby>ほん<rt>홍</rt></ruby>を <ruby>よむ<rt>요무</rt></ruby> <ruby>こと<rt>꼬또</rt></ruby>と　　책을 읽는 거랑

<ruby>ゲーム<rt>게-무</rt></ruby>を <ruby>する<rt>스루</rt></ruby> <ruby>ことです<rt>꼬또데스</rt></ruby>。　　게임을 하는 거예요.

선생님 <ruby>かな<rt>카 나</rt></ruby><ruby>さん<rt>상</rt></ruby>は？　　카나는?

카나 <ruby>テレビ<rt>테레비</rt></ruby>を <ruby>みる<rt>미루</rt></ruby> <ruby>こと<rt>꼬또</rt></ruby>と　　TV를 보는 거랑

<ruby>おんがく<rt>옹 가꾸</rt></ruby>を <ruby>きく<rt>키꾸</rt></ruby> <ruby>ことです<rt>꼬또데스</rt></ruby>。　　음악을 듣는 거예요.

선생님 <ruby>しゃしん<rt>샤 싱</rt></ruby>を <ruby>とる<rt>토루</rt></ruby> <ruby>ことも<rt>꼬또모</rt></ruby> <ruby>すきですか<rt>스키데스까</rt></ruby>。　　사진을 찍는 것도 좋아해요?

카나 <ruby>いいえ<rt>이-에</rt></ruby>、<ruby>しゃしん<rt>샤 싱</rt></ruby>を <ruby>とる<rt>토루</rt></ruby> <ruby>ことは<rt>꼬또와</rt></ruby>　　아니요. 사진을 찍는 것은

<ruby>すきじゃ<rt>스키 쟈</rt></ruby> <ruby>ありません<rt>아리마셍</rt></ruby>。　　좋아하지 않아요.

단어

<ruby>なんですか<rt>난 데스까</rt></ruby> 뭐예요 | <ruby>~と<rt>또</rt></ruby> ~와(랑) | <ruby>ゲーム<rt>게-무</rt></ruby> 게임 | <ruby>テレビ<rt>테레비</rt></ruby> 텔레비전 | <ruby>みること<rt>미루꼬또</rt></ruby> 보는 것 | <ruby>しゃしん<rt>샤 싱</rt></ruby> 사진 |
<ruby>とること<rt>토루꼬또</rt></ruby> 찍는 것 | <ruby>~も<rt>모</rt></ruby> ~도 | <ruby>すきですか<rt>스키데스까</rt></ruby> 좋아합니까 | <ruby>すきじゃ ありません<rt>스키쟈 아리마셍</rt></ruby> 좋아하지 않아요

연습해요

1 그림을 보고 친구들의 취미에 대해 말해보세요.

예시

소라	ゆいさんの しゅみは なあに？	유이의 취미는 뭐야?

유이상노 슈미와 나-니

| 유이 | ピアノを ひく ことと | 피아노 치는 거랑 |

피아노오 히꾸 꼬또또

| | テレビを みる ことと | TV를 보는 거랑 |

테레비오 미루 꼬또또

| | にんぎょうを つくる こと。 | 인형을 만드는 것이야. |

닝교-오 츠꾸루 꼬또

| 소라 | にんぎょうを つくる ことは たのしい？ | 인형을 만드는 것은 즐거워? |

닝교-오 츠꾸루 꼬또와 타노시-

| 유이 | うん、すごく たのしいよ。 | 응, 굉장히 즐거워. |

응 스고꾸 타노시-요

단어

ピアノ 피아노	ひくこと 치는 것	にんぎょう 인형	つくること 만드는 것	たのしい 즐거워	すごく 굉장히

피아노 / 히꾸꼬또 / 닝교- / 츠꾸루꼬또 / 타노시- / 스고꾸

2 그림을 보고 주인공들의 쉬는 날에 무엇을 하는지 말해보세요.

やすみの　ひ	しう	かな	ゆい
そとで あそぶ こと	◎		◎
ほんを よむ こと		◎	
おんがくを きく こと	◎	◎	◎
ゲームを する こと	◎		
ピアノを ひく こと		◎	◎

예시

A: しうさんは やすみの ひに
　　なにを する ことが すきですか。

시우는 쉬는 날에
뭘 하는 것을 좋아해요?

B: そとで あそぶ ことが すきです。

밖에서 노는 것을 좋아해요.

A: ほんを よむ ことは
　　すきじゃ ありませんか。

책을 읽는 것은
좋아하지 않아요?

B: はい、ほんを よむ ことは
　　あまり すきじゃ ありません。

네, 책을 읽는 것은
별로 좋아하지 않아요.

단어

やすみの ひ 쉬는 날 | ~に ~에 | ~が すきですか ~을(를) 좋아해요? | そと 밖 | ~で ~에서 |
すきじゃ ありませんか 좋아하지 않아요? | あまり 별로

함께 놀아요

• 취미가 뭐야? •

놀이 방법

1 짝꿍에게 취미와 쉬는 날에 뭘 하는 것을 좋아하는 지 물어보고 표에 적어요.

> **예시** ○○さんの しゅみは なんですか。/
> 상 노 슈 미 와 난 데 스 까
>
> ○○さんは やすみの ひに なにを することが すきですか。
> 상 와 야스미노 히니 나니오 스루꼬또가 스키데스까

2 적은 것을 보면서 다른 친구에게 짝꿍의 취미와 쉬는 날에 좋아하는 것을 발표해요.

> **예시** ○○さんの しゅみは ○○です。/
> 상 노 슈 미 와 데 스
>
> ○○さんは やすみの ひに ○○ことが すきです。
> 상 와 야스미노 히니 꼬또가 스키데스

3 틀리지 않고 가장 발표를 잘 한 사람이 "よくできました (참 잘했어요)"
   스티커를 받아요! `스티커 부록 159P`

	しゅみ	やすみの ひ
_____さん		

들어봐요

1 대화를 듣고 친구들의 취미를 보기에서 전부 골라 적으세요.

しう	かな

보기

 A
 B
 C
 D

2 대화를 듣고 친구들이 좋아하는 것을 보기에서 전부 골라 적으세요.

そら	ゆい

보기

A サッカーを する こと   B テレビを みる こと

C おんがくを きく こと   D ピアノを ひく こと

E ほんを よむ こと   F ゲームを する こと

· 어린이 날 ·

일본은 여자아이를 위한 날(3월 3일, ひなまつり^{히나마쯔리})과 남자아이를 위한 날이 나누어져 있어요. 우리나라의 어린이날과 동일한 5월 5일이 남자아이를 위한 날이자 단오절로 남자아이가 건강하게 자라는 것을 축하하고 바라는 날이에요. 집안에는 갑옷, 투구, 칼, 무사 인형을 장식하고 밖에는 높은 막대기에 천으로 만든 잉어 모양의 'こいのぼり(코이노보리)'를 가족 수만큼 달아요. 갑옷과 투구는 몸을 지킨다는 의미, 'こいのぼり(코이노보리)'는 출세를 바라는 의미로 장식해요.

◀ 집안에 장식하는 무사 인형

◀ 코이노보리

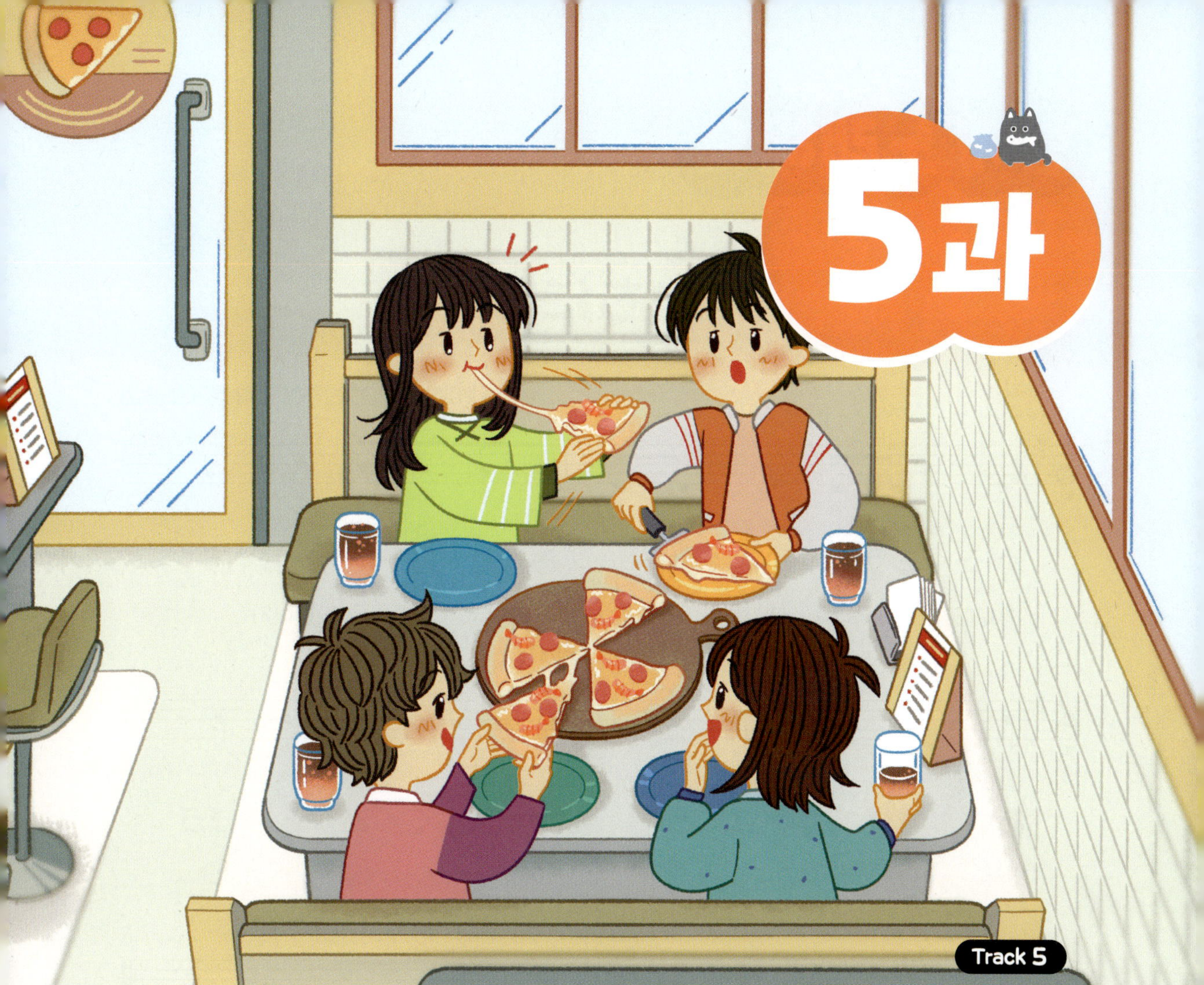

5과

Track 5

오 이 시 - 모 노
おいしいもの
타 베 요 -
たべよう。

맛있는 것 먹자.

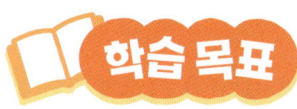

학습 목표 [~하자] 표현을 배워요.

いちにち
이 찌 니 찌

"내 이름은 빙고" 반주에 맞춰 불러 보세요!

がっ　こう に いこう　　　みんな で あおう
각　　꼬 - 니 이꼬 -　　　민 나 데 아오 -

학교에　　　　　가자　　　　다 같이　　　　만나자

あい　さつ し ょう　　　なか よく あそ ぼう
아이　사쯔 시 요 -　　　나 까 요꾸 아 소 보 -

인사　　　　　하자　　　　사이좋게　　　　놀자

きょう も　たの し い い　　　ち に ち
쿄 - 모　타 노 시 - 이　　　찌 니 찌

오늘도　　　즐거운　　　　하루

1 그림에 알맞은 스티커 붙여보세요.

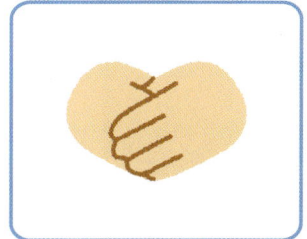

いっしょに

가자

こうえんで

놀자

ぎゅうにゅうを

마시자

いちじに

만나자

ケーキを

만들자

えいがを

보자

운동하자

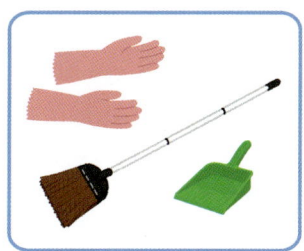

청소하자

バスに

타자

말해봐요

1 친구들이 이야기하고 있어요.

Track **5-2**

소라 ゆいさん、どようびに じかん ある？　유이야, 토요일에 시간 있어?
（유이 상　도요-비니　지깜　아루）

유이 うん、ある。　응, 있어.
（응　아루）

소라 いっしょに えいが みよう。　같이 영화 보자.
（잇쇼니 에-가 미요-）

유이 いいね。なんじに いく？　좋아. 몇 시에 가?
（이-네　난지니 이꾸）

소라 いちじは どう？　1시는 어때?
（이찌지와 도-）

유이 いいよ。いちじに いこう。　그래. 1시에 가자.
（이-요　이찌지니 이꼬-）

 단어

どようび 토요일 ｜ じかん 시간 ｜ ある 있다 ｜ いっしょに 같이 ｜ えいが 영화 ｜ みよう 보자 ｜ いこう 가자
（도요-비）　（지깡）　（아루）　（잇쇼니）　（에-가）　（미요-）　（이꼬-）

카나
쥬 - 가쯔 하쯔까와
じゅうがつ　はつかは
시우상노　탄죠 - 비
しうさんの　たんじょうび！

10월 20일은
시우 생일이야!

유이
소 - 다　민나데　파 - 티 - 시요 -
そうだ。みんなで　パーティー　しよう。

맞다. 다 같이 파티 하자.

카나
이 - 네　와따시가　노미모노　카우네
いいね。わたしが　のみもの　かうね。

좋아. 내가 음료수 살게.

유이
쟈 -　와따시와　오까시　카우
じゃあ、わたしは　おかし　かう。

그럼 난 과자 살게.

카나
케 - 끼와　잇쇼니　쯔꾸로 -
ケーキは　いっしょに　つくろう。

케이크는 같이 만들자.

유이
이 - 요　타노시미
いいよ。たのしみ！

좋아. 기대된다!

단어

탄 죠 - 비 　　민 나 데 　　파 - 티 - 　　시 요 - 　　노 미 모 노 　　오 까 시
たんじょうび 생일 ｜ みんなで 다 같이 ｜ パーティー 파티 ｜ しよう 하자 ｜ のみもの 음료수, 마실 것 ｜ おかし 과자 ｜
케 - 끼 　　잇 쇼 니 　　쯔 꾸 로 - 　　타 노 시 미
ケーキ 케이크 ｜ いっしょに 같이 ｜ つくろう 만들자 ｜ たのしみ 기대됨

1 친구와 함께 아래의 메모 중 하나를 골라 예시와 같이 말해보세요.

메모 1

이쯔 쿠리스마스
いつ：クリスマス

도꼬데 데파 또
どこで：デパート

나니오 카이모노
なにを：かいもの

메모 2

이쯔 도요 - 비
いつ：どようび

도꼬데 와따시노 이에
どこで：わたしの いえ

나니오 슈꾸다이
なにを：しゅくだい

메모 3

이쯔 센세 - 노 탄 죠 - 비
いつ：せんせいの たんじょうび

도꼬데 각 꼬 -
どこで：がっこう

나니오 파 - 티 -
なにを：パーティー

예시

쿠리스마스니 지 캉 아루
A : **クリスマスに じかん ある？**　　크리스마스에 시간 있어?

응 아루
B : **うん、ある。**　　응 있어.

잇 쇼니 데파 - 또데 카이모노 시요 -
A : **いっしょに デパートで かいもの しよう。**　　같이 백화점에서 쇼핑하자.

이 - 요
B : **いいよ。**　　좋아.

단어

이쯔　　도꼬데　　나니오　　　쿠리스마스　　　데파 - 또　　　데　　　카이모노
いつ 언제ㅣ**どこで** 어디서ㅣ**なにを** 무엇을ㅣ**クリスマス** 크리스마스ㅣ**デパート** 백화점ㅣ**~で** ~에서ㅣ**かいもの** 쇼핑ㅣ

슈꾸다이　　　파 - 티 -
しゅくだい 숙제ㅣ**パーティー** 파티

2 교실에서 함께 해야 할 일들을 친구와 함께 말해보세요.

방법

1 한 명이 먼저 카드를 골라요.

2 친구가 고른 카드의 그림을 보고 '~하자'의 형태의 문장을 말해보세요.

3 카드의 뒷면을 보고 정답을 확인해요.

예시 そうじを しよう。   청소하자.
소 - 지 오 시 요 -

ともだちと なかよく しよう。   친구와 사이좋게 지내자.
토 모 다 찌 또 나 까 요 꾸 시 요 -

함께 놀아요

• 몸으로 말해요 게임 •

놀이 방법

❶ 두 팀으로 나누어 제시어를 보고 몸으로 동작을 설명해요.

❷ 2분동안 나머지 팀원들은 한 명씩 차례대로 제시어를 말한다.

❸ 시간 내에 많이 맞힌 팀이 "よくできました (참 잘했어요)" 스티커를 받아요!

▶ 스티커 부록 159P

제시어

이꼬- いこう	아소보- あそぼう	노모- のもう
노로- のろう	타베요- たべよう	미요- みよう
카오- かおう	네요- ねよう	옹가쿠오키꼬- おんがくを きこう
홍오요모- ほんを よもう	소-지시요- そうじしよう	벵꾜-시요- べんきょうしよう
시즈까니시요- しずかに しよう	아이사쯔시요- あいさつしよう	카이모노시요- かいものしよう

단어

이꼬- いこう 가자 | 아소보- あそぼう 놀자 | 노모- のもう 마시자 | 노로- のろう 타자 | 타베요- たべよう 먹자 | 미요- みよう 보자 | 카오- かおう 사자 |

네요- ねよう 자자 | 옹가꾸오키꼬- おんがくを きこう 음악을 듣자 | 홍오요모- ほんを よもう 책을 읽자 | 소-지시요- そうじしよう 청소하자 |

벵꼬-시요- べんきょうしよう 공부하자 | 시즈까니시요- しずかに しよう 조용히 하자 | 아이사쯔시요- あいさつしよう 인사하자 | 카이모노시요- かいものしよう 쇼핑하자

1 다음을 듣고 내용에 알맞은 답을 고르세요.

① 　　**②** 　　**③**

2 다음을 듣고 질문에 알맞은 답을 고르세요.

・엄마는 왜 아이들에게 일찍 자자고 했습니까?

① いっしょに あさごはんを つくるから

② おかあさんが かいしゃに いくから

③ へやを そうじするから

🐱 **단어**

카 라
~から ~이기 때문에

· 성인식 ·

일본에서 성인식은 가장 중요한 의식 중 하나예요. 각 지역별로 성인(만 20세)이 된 사람들이 한자리에 모여 성인식 행사를 해요. 매년 1월 둘째 주 월요일로 정해져 있답니다. 이날 거리를 돌아다니다 보면 전통 의상으로 예쁘게 단장한 사람들을 볼 수 있어요.

성인식을 하기 위해서는 전통 의상을 빌리거나 메이크업을 받기도 해요. 비용이 많이 들기 때문에 성인식을 하지 않고 여행을 가거나 원하는 물건을 사는 젊은이들도 있답니다. 성인식의 모습은 시대에 따라 점차 바뀌고 있지만 인생의 새로운 전환점을 맞이하고 그것을 기념한다는 의미에서 매우 중요한 날로 지켜오고 있습니다.

▲ 성인식을 맞이하여 전통 의상(ふりそで – 후리소데)을 입은 여성들

Track 6

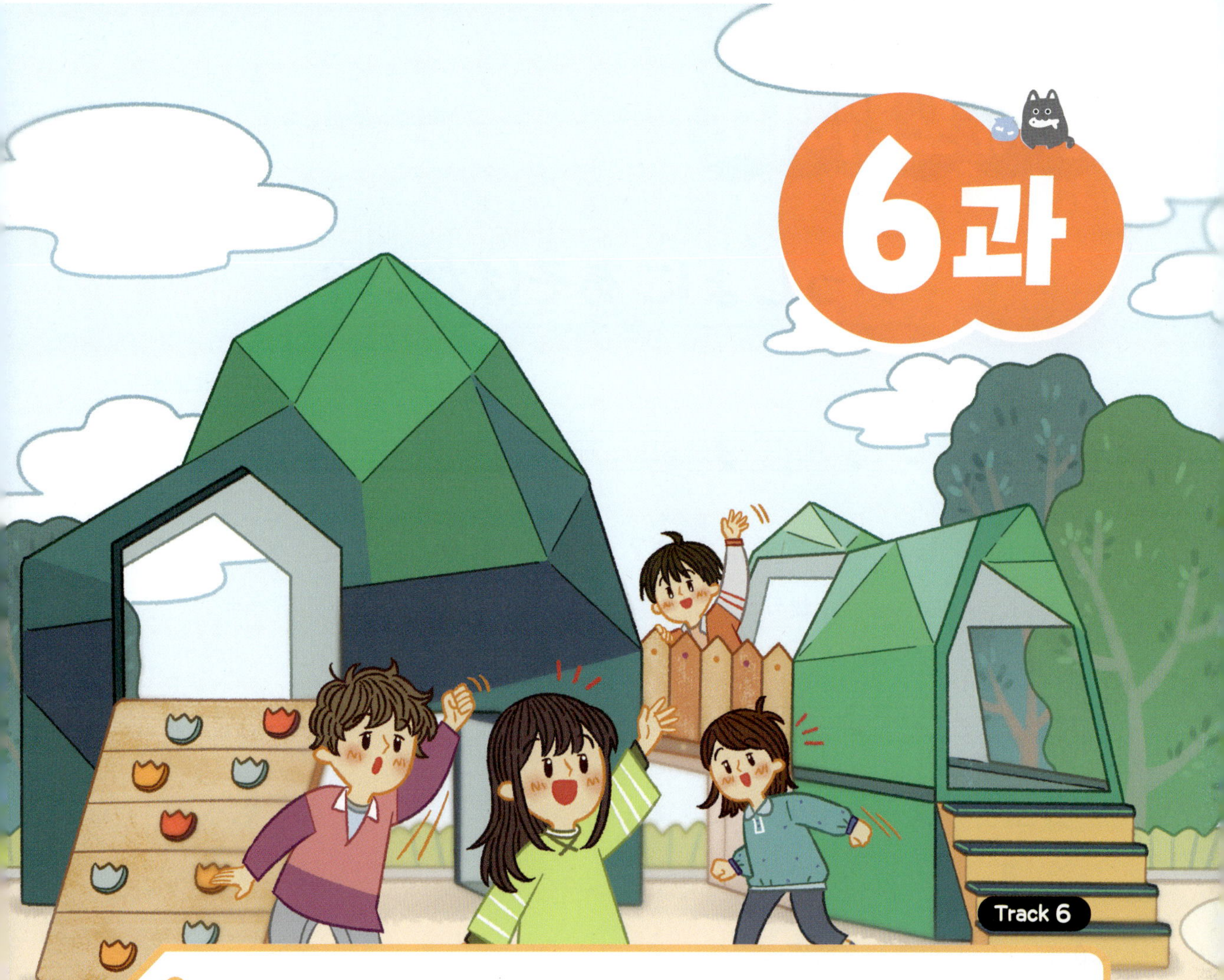

いっしょに
あそばない？

같이 놀지 않을래?

학습 목표

🔍 [~하지 않을래?]라고 물어봐요.

🔍 [~안 할래]라고 말해요.

Track 6-1

잇 쇼 니 아 소 바 나 이
いっしょに あそばない？

"런던 브릿지" 반주에 맞춰 불러 보세요!

잇 쇼 니 아 소 바 나 이 산 도 잇 찌 타 베 나 이
いっ　しょに あそばない？サンドイッチ　た べ ない？

같이　　　　　놀지 않을래?　　　샌드위치　　　먹지 않을래?

쥬 스 오 노 마 나 이 이 요 노 모
ジュー　ス を　のま　ない？いい　よ　　の もう

주스를　　　　마시지 않을래?　　좋아　　　　마시자

바이 킹 구 니 노 라 나 이 에 오 카 까 나 이
バイキング に　のら　ない？え　　を　か か ない？

바이킹을　　　타지 않을래??　　그림을　　　그리지 않을래?

삭 까 오 시 나 이 이 요 시 요
サッ　カーを　しな　い？いい　よ　し よう

축구를　　　　하지 않을래?　　좋아　　　　하자

단어

いっしょに 함께 | あそばない？놀지 않을래? | サンドイッチ 샌드위치 | たべない? 먹지 않을래? | ジュース 주스 | ~を ~을(를) | のまない? 마시지 않을래? | いいよ 좋아 | のもう 마시자 | バイキング 바이킹 | ~にのらない? ~을 타지 않을래? | え 그림 | かかない? 그리지 않을래? | サッカー 축구 | しない? 하지 않을래? | しよう 하자

1 그림에 알맞은 스티커 붙여보세요.

いっしょに
놀지 않을래?

サンドイッチ
먹지 않을래?

ジュースを
마시지 않을래?

ほんを
읽지 않을래?

バイキングに
타지 않을래?

えを
그리지 않을래?

サッカーを
하지 않을래?

こうえんを
보지 않을래?

しゃしんを
찍지 않을래?

Track 6-2

소라 いっしょに そとで
잇 쇼 니 소또데

あそばない？
아 소 바 나 이

같이 밖에서 놀지 않을래?

시우 いいよ。そとで なに する？
이-요 소또데 나니 스루

좋아. 밖에서 뭘 할래?

소라 サッカー しない？
삭 까- 시나이

축구하지 않을래?

시우 いいよ。しよう。
이-요 시요-

좋아. 하자.

유이 いっしょに ほん よまない？
잇 쇼 니 홍 요마나이

같이 책 읽지 않을래?

카나 ほんは すきじゃ ないから、
홍 와 스키 쟈 나이까라

よまない。
요마나이

책은 좋아하지 않으니까 안 읽을래.

유이 じゃあ、え かかない？
쟈- 에 카까나이

그럼, 그림 그리지 않을래?

카나 いいよ。かこう。
이-요 카꼬-

좋아. 그리자.

단어

いっしょに 같이	そと 밖	~で ~에서	あそばない? 놀지 않을래?	いいよ 좋아	なに 무엇	する? 할래?

しない? 하지 않을래? | しよう 하자 | ほん 책 | よまない? 읽지 않을래? | すきじゃ ないから 좋아하지 않으니까

よまない 안 읽을래 | じゃあ 그럼 | え 그림 | かかない? 그리지 않을래? | かこう 그리자

선생님	みなさん らいげつ えんそくが	여러분 다음 달에 소풍이
	あります。どこに いきましょうか。	있어요. 어디로 갈까요?
소라	すいぞくかんに いきませんか。	수족관에 가지 않을래요?
선생님	いいですね。ほかには ありませんか。	좋네요. 그 외에는 없어요?
유이	テーマパークで バイキングに	테마파크에서 바이킹을
	のりませんか。	타지 않을래요?
카나	こうえんで ゲームを しませんか。	공원에서 게임을 하지 않을래요?
선생님	テーマパークも こうえんも	테마파크도 공원도
	たのしそうですね。じゃあ、	즐거울 것 같네요. 그럼,
	この なかから きめましょう。	이중에서 정합시다.

단어

らいげつ 다음 달 | えんそく 소풍 | どこ 어디 | ~に ~로/~에 | いきましょうか 갈까요? | すいぞくかん 수족관 |
ほかには 그 외에는 | ありませんか 없어요? | テーマパーク 테마파크 | バイキング 바이킹 |
~にのりませんか ~을 타지 않을래요? | こうえん 공원 | ~で ~에서 | ゲーム 게임 |
たのしそうですね 즐거울 것 같네요 | この 이 | なかから 중에서 | きめましょう 정합시다

1 그림의 상황에 맞게 친구와 말해보세요.

예시

A: ^{잇 쇼 니} いっしょに <u>サンドイッチ</u> ^{산 도 잇 찌 타 베 나 이} <u>たべない</u>？　　같이 샌드위치 먹지 않을래?

B: ^{이 요} いいよ、 <u>サンドイッチ</u> ^{산 도 잇 찌 타 베 요 -} たべよう。　　좋아, 샌드위치 먹자.

^{우 웅} ううん、 <u>サンドイッチ</u>は ^{산 도 잇 찌 와 스 키 쟈} すきじゃ　　아니, 샌드위치는 좋아하지

^{나 이 까 라} ないから <u>たべない</u>^{타 베 나 이}。　　않아서 안 먹을래.

단어

サンドイッチ^{산 도 잇 찌} 샌드위치 ｜ たべない?^{타 베 나 이} 먹지 않을래? ｜ たべよう^{타 베 요 -} 먹자 ｜ たべない^{타 베 나 이} 안 먹을래 ｜ ジュース^{쥬 - 스} 주스 ｜
のまない?^{노 마 나 이} 마시지 않을래? ｜ のもう^{노 모 -} 마시자 ｜ のまない^{노 마 나 이} 안 마실래

③

보기

^{산 도 잇 찌} ^{타 베 나 이} ^{타 베 요-}
① サンドイッチ / たべない / たべよう

^{쥬 - 스} ^{노 마 나 이} ^{노 모-}
② ジュース / のまない / のもう

^{바 이 킹 구} ^{노 라 나 이} ^{노 로-}
③ バイキング / のらない / のろう

단어

^{바 이 킹 구} ^{노 라 나 이} ^{노 로-} ^{노 라 나 이}
バイキング 바이킹 │ のらない? 타지 않을래? │ のろう 타자 │ のらない 안 탈래

함께 놀아요

• 같이 하지 않을래? •

놀이 방법

❶ 아래 표에 내가 하고 싶은 것 4가지를 적어보아요.

❷ 내가 하고 싶은 것을 친구에게 "같이 하지 않을래?" 라고 물어보고
친구가 "좋아, ~하자" 라고 하면 O를, "아니, ~안 할래" 라고 대답하면 X를 적어요.

❸ 친구 두 명에게 빨리 물어본 사람이 "よくできました (참 잘했어요)" 스티커를
받아요! `스티커 부록 159P`

예시	A：잇 쇼 니 아 소 바 나 이 いっしょに あそばない?　B：이 - 요 아 소 보 - いいよ、あそぼう。 → O
	B：우 웅 아 소 바 나 이 ううん、あそばない。 → X

내가 하고 싶은 것	_____ さん	_____ さん
❶		
❷		
❸		
❹		

Track 6-3

1 대화를 듣고 내용에 알맞은 그림을 보기에서 골라 적으세요.

1	2

보기

2 대화를 듣고 내용에 알맞은 단어를 보기에서 골라 적으세요.

1	2

보기

A サッカー   B サンドイッチ

C ほん   D ジュース

일본이 궁금해요

• 일본 음식 •

1 ラーメン - 라멘

라멘에는 돼지 뼈를 우려서 만든 'とんこつラーメン(돈코츠라멘)', 간장으로 국물 맛을 낸 'しょうゆラーメン(쇼유라멘)', 소금으로 국물 맛을 낸 'しおラーメン(시오라멘)', 된장으로 국물 맛을 낸 'みそラーメン (미소라멘)'등 그 밖에도 지역에 따라 다양한 종류의 라멘이 있어요.

▲ 왼쪽부터 돈코츠라멘, 쇼유라멘, 시오라멘, 미소라멘 순

2 どん - 동

'どん(동)'은 우리말로 덮밥을 의미해요. 밥 위에 튀김이 얹은 튀김덮밥인 'てんどん(텐동)', 닭고기와 계란 푼 것을 얹은 'おやこどん(오야꼬동)', 신선한 회를 얹은 'かいせんどん(카이센동)', 쇠고기덮밥인 'ぎゅうどん(규동)', 장어덮밥인 'うなどん(우나동)', 돈까스덮밥인 'かつどん(카츠동)'이 있어요.

▲ 왼쪽부터 텐동, 오야꼬동, 카이센동, 우나동 순

3 すし - 스시

우리가 일반적으로 생각하는 초밥은 'にぎりずし(니기리즈시)'라고 하고, 그 밖에도 김을 둘러서 만든 'ぐんかんまき(군칸마끼)' 김을 꽃다발처럼 싼 'てまき(테마끼)' 밥 위에 생선, 새우, 계란 등을 올린 'ちらしずし(치라시즈시)' 등이 있어요.

▲ 왼쪽부터 니기리즈시, 치라시즈시 순

7과

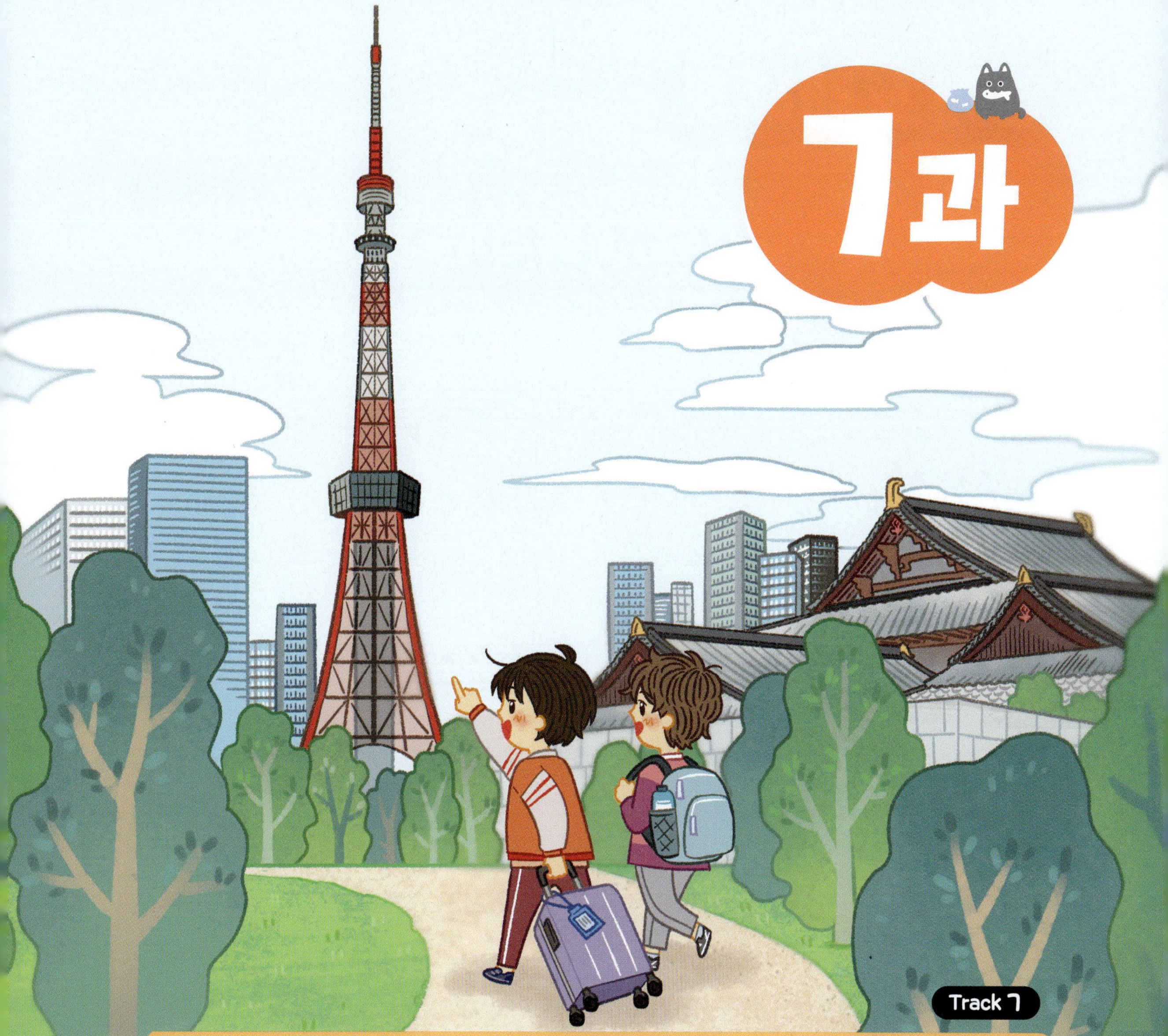

Track 7

니 혼 니 이 끼 따 이

にほんに いきたい。

일본에 가고 싶어.

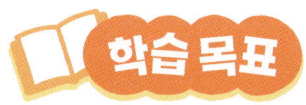

학습 목표

- 하고 싶은 것에 대해서 물어보고 대답해요.
- 계절 표현을 배워요.

함께 노래해요

Track ㄱ-1

나 니 가 시 따 이
なにが したい？

"여섯 마리 오리" 반주에 맞춰 불러 보세요!

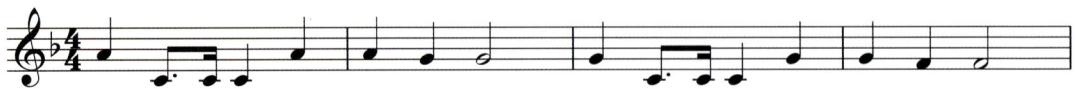

하루니 와 나니가 　 시 따 이　 민 나 데 하나미가시 따 이
はる に はなにが　し た い？ みん な で はなみがし た い

봄에는　　　 뭘　　 하고 싶어?　　 다 같이　　 꽃구경을　 하고 싶어

나 쯔 니 와 나니 가 　시 따 이 　민 나 데 하나비가 　 미 따 이
なつ に はなに が　し た い？ みん な で はなびが　み た い

여름에는　　 뭘　　 하고 싶어?　　 다 같이　　 불꽃축제를　　 보고 싶어

아 끼 니 와 나 니 가 　시 　따 이　 키 레-나 코-요-가 미 따 이
あき に はなに が　し た い？ きれいなこうようが み た い

가을에는　　 뭘　　 하고 싶어?　　 예쁜 단풍을　　　　 보고 싶어

후 유 니 와 나니가 　　 시 따 이 　민 나 데유끼갓 센 시따이
ふゆ に は なにが　し た い？ みん な で ゆきがっせんし た い

겨울에는　　 뭘　　 하고 싶어?　　 다 같이　　 눈싸움　　 하고 싶어

단어

하루　　　　 하나미　　　　　 나 쯔　　　 하나비　　　　　 아 끼　　　 코-요-　　　　 후 유　　　 유끼갓 센
はる 봄 | **はなみ** 꽃구경 | **なつ** 여름 | **はなび** 불꽃축제 | **あき** 가을 | **こうよう** 단풍 | **ふゆ** 겨울 | **ゆきがっせん** 눈싸움

단어를 외워요 _{たんご}

1 그림에 알맞은 스티커를 붙여보세요.

꽃구경을 하고 싶다

불꽃축제를 보고 싶다

단풍을 보고 싶다

눈싸움을 하고 싶다

말해봐요

1 소라와 카나가 여름방학에 하고 싶은 일을 이야기하고 있어요.

Track 7-2

소라	나쯔야스미니 도꼬니 이끼따이 なつやすみに どこに いきたい？	여름 방학에 어디 가고 싶어?
카나	와따시와 도-부쯔엔니 이끼따이 わたしは どうぶつえんに いきたい。	난 동물원에 가고 싶어.
소라	도-부쯔와 나니가 스키 どうぶつは なにが すき？	동물은 뭐 좋아해?
카나	판다가 스키 パンダが すき。	판다 좋아해.
	판다 미니 이끼따이 パンダ みに いきたい。	판다 보러 가고 싶어.
소라	보꾸모 판다 미니 이끼따이나 ぼくも パンダ みに いきたいな。	나도 판다 보러 가고 싶다.
카나	잇 쇼니 이꼬- いっしょに いこう。	같이 가자.
소라	이꼬- 이꼬- いこう いこう。	가자 가자.

단어

나쯔야스미 **なつやすみ** 여름방학 | 도-부쯔엔 **どうぶつえん** 동물원 | 판 다 **パンダ** 판다 | 미니 이끼따이 **みに いきたい** 보러 가고 싶다 | 이꼬- **いこう** 가자

74

2 시우와 유이가 세뱃돈으로 하고 싶은 것을 이야기하고 있어요.

시우 _{오또시다마데 나니가 카이따이}
おとしだまで なにが かいたい？　세뱃돈으로 무엇을 사고 싶어?

유이 _{와따시와 아따라시- 스마호가}
わたしは あたらしい スマホが　나는 새로운 스마트폰을
_{카이따이}
かいたい。　사고 싶어.
_{시우 상 와 나니가 카이따이}
しうさんは なにが かいたい？　시우는 무엇을 사고 싶어.

시우 _{보꾸와 게-무팍꾸가 호시-}
ぼくは ゲームパックが ほしい。　나는 게임팩을 갖고 싶어.

유이 _{우찌니 타꾸상 아루까라}
うちに たくさん あるから　우리집에 많이 있으니까
_{잇 쇼니 시요-}
いっしょに しよう。　같이 하자.

시우 _{이-네 하야꾸 유이상 노 이에니}
いいね。はやく ゆいさんの いえに　좋아. 빨리 유이 집에
_{이끼따이}
いきたい。　가고 싶어.

 단어

_{오또시다마}
おとしだま 세뱃돈 ｜ _{아따라시-}あたらしい 새로운, 새롭다 ｜ _{스마호}スマホ 스마트폰 ｜ _{카이따이}かいたい 사고 싶다 ｜ _{게-무팍꾸}ゲームパック 게임팩 ｜
_{호시-}ほしい 갖고 싶다 ｜ _{우찌}うち 우리집 ｜ _{이에}いえ 집 ｜ _{이끼따이}いきたい 가고 싶다

연습해요

1 일본 지도를 보고 가고 싶은 곳과 먹고 싶은 음식을 예시처럼 말해보세요.

나고야
なごや
히쯔마부시
ひつまぶし

록까이도
ほっかいど
카니
かに

코-베
こうべ
와규-
わぎゅう

아오모리
あおもり
링고
りんご

후꾸오까
ふくおか
톤꼬쯔라-멘
とんこつラーメン

토-꾜-
とうきょう
몬쟈야끼
もんじゃやき

오-사까
おおさか
타꼬야끼
たこやき

오끼나와
おきなわ
라후떼-
ラフテー

예시

와따시와 오-사까니 이끼따이
わたしは おおさかに いきたい。   나는 오사카에 가고 싶어.

오-사까데 타꼬야끼 타베따이
おおさかで たこやき たべたい。   오사카에서 다코야키 먹고 싶어.

단어

록까이도 ほっかいど 홋카이도 | 카니 かに 게 | 아오모리 あおもり 아오모리 | 링고 りんご 사과 | 토-꾜- とうきょう 도쿄 | 몬쟈야끼 もんじゃやき 몬쟈야키 |
나고야 なごや 나고야 | 히쯔마부시 ひつまぶし 히츠마부시 | 오-사까 おおさか 오사카 | 타꼬야끼 たこやき 다코야키 | 코-베 こうべ 고베 | 와규- わぎゅう 와규 |
후꾸오까 ふくおか 후쿠오카 | 톤꼬쯔라-멘 とんこつラーメン 돈코츠 라멘 | 오끼나와 おきなわ 오키나와 | 라후떼- ラフテー 라후테(오키나와식 동파육) |
이끼따이 いきたい 가고 싶다 | 타베따이 たべたい 먹고 싶다

2 친구에게 주고 싶은 선물과 받고 싶은 선물을 적고 예시처럼 말해보세요.

토모다찌노 나마에 **ともだちの なまえ** **친구 이름**	아게따이 모노 **あげたい もの** **주고 싶은 것**	모라이따이 모노 **もらいたい もの** **받고 싶은 것**
❶		
❷		
❸		

예시

와따시와 시우니 카와이- 노-토오 아게따이
わたしは しうに かわいい ノートを あげたい。

나는 시우에게 귀여운 노트를 주고 싶다.

와따시와 유이니 하나오 모라이따이
わたしは ゆいに はなを もらいたい。

나는 유이에게 꽃을 받고 싶다.

 단어

아게따이 **あげたい** 주고 싶다 │ 모노 **もの** 것 │ 모라이따이 **もらいたい** 받고 싶다 │ 카와이- **かわいい** 귀여운, 귀엽다 │ 노-토 **ノート** 노트 │ 하나 **はな** 꽃

함께 놀아요

• 여행 계획 세우기 •

놀이 방법

1 먼저 나의 시트에 가고 싶은 곳 [나라/장소], 먹고 싶은 것 [음식], 사고 싶은 것 [쇼핑]을
적어요.

2 친구의 시트에 친구가 하고 싶은 것을 적어요.

3 친구와 함께 상의한 후, 결정된 여행 계획을 발표해요.

4 가장 계획을 잘 말한 팀이 "よくできました (참 잘했어요)"
스티커를 받아요! 스티커 부록 159P

예시
와 따 시 따 찌 와 니 흔 니 이 끼 따 이 데 스
わたしたちは にほんに いきたいです。   우리는 일본에 가고 싶습니다.
니 흔 노 콤 비 니 니 이 끼 따 이 데 스
にほんの コンビニに いきたいです。   일본의 편의점에 가고 싶습니다.
오 벤 또 - 또 데 자 - 토 오 타 베 따 이 데 스
おべんとうと デザートを たべたいです。   도시락과 디저트를 먹고 싶습니다.
오 까 시 오 타 꾸 상 카 이 따 이 데 스
あかしを たくさん かいたいです。   과자를 많이 사고 싶습니다.

	わたし	_____さん
쿠 니 바 쇼 **くに/ばしょ** 나라/장소		
타 베 모 노 **たべもの** 음식		
카 이 모 노 **かいもの** 쇼핑		

단어

쿠 니 くに 나라	바 쇼 ばしょ 장소	타 베 모 노 たべもの 음식 먹을 것	카 이 모 노 かいもの 쇼핑 살 것	와 따 시 따 찌 わたしたち 우리들	콤 비 니 コンビニ 편의점
이 끼 따 이 いきたい 가고 싶다	오 벤 또 - おべんとう 도시락	데 자 - 토 デザート 디저트	타 베 따 이 たべたい 먹고 싶다	오 까 시 おかし 과자	카 이 따 이 かいたい 사고 싶다

들어봐요

1 대화를 듣고 질문에 알맞은 답을 고르세요.

1 とうきょうに なにが ありますか。

 **1**

 **2**

 **3**

2 かなが かいたい ものは なんですか。

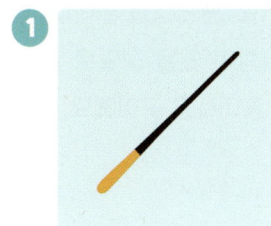 **1**

 **2**

 **3**

 단어

츠에
つえ 지팡이 | 만토
マント 망토 | 마후라-
マフラー 목도리

· 편의점 ·

일본에는 다양한 브랜드의 편의점이 있어요. 물건의 수가 많고 먹을 것뿐만 아니라 생활용품까지 판매하고 있어 일본인의 생활에서는 없어서는 안 될 존재이며 관광객들도 꼭 들르는 곳이기도 해요.

1 세븐일레븐

일본의 대표적인 편의점 중의 하나이며, 'べん とう(도시락)'의 종류가 정말 다양해요. 일본 요리뿐만 아니라 한국 요리, 중국 요리, 서양 요리 등 골라 먹는 재미가 있어요. 또한 세븐일레븐은 'おでん(어묵)'이 맛있기로 유명해요. 겨울이 되면 계산대 옆에서 구매할 수 있는데 종류가 다양하고 맛있어서 인기가 있어요.

2 로손

로손은 디저트 종류인 케이크, 푸딩, 빵 등이 맛있기로 유명한 편의점이에요. 천원 정도의 가격으로 맛있는 디저트를 먹을 수 있어서 인기가 있어요. 편의점을 돌아다니면서 맛을 비교하는 사람이 있을 정도로 일본의 편의점은 재미있고 흥미로운 곳이에요.

8과

Track 8

나 니 니 나 리 따 이
なにに なりたい？

뭐가 되고 싶어?

 학습 목표

🔍 직업 이름을 배워요.

🔍 [~이(가) 되고 싶어] 표현을 배워요.

🔍 [~이(가) 갖고 싶어] 표현을 배워요.

함께 노래해요

나 니 니 나 리 따 이
なにに なりたい？

"the famer in the dell" 반주에 맞춰 불러 보세요!

나　니　니　나　리　따이　센　세　니　나　리　따이
な　に　に　な　り　たい？　せん　せい　に　な　り　たい
뭐가　　　　　되고 싶어?　　　　선생님이　　　　되고 싶어

야　꾸 - 센　슈 이 샤　게 - 사 쯔 깡　　탄　죠 - 비프레젠또　나
や　きゅう　せんしゅ　いしゃ　けい　さつ　かん　　たんじょうびプレゼント　な
야구선수　　　　　의사　　경찰관　　　　　생일선물

니　가　호시 -　　아　따라시 - 지　뗀　샤 가 호시 -
に　が　ほしい？　あ　たらしいじ　て　んしゃがほしい
뭐가　갖고 싶어?　　새　　　자전거가　　　　　갖고 싶어

단어

나니 **なに** 무엇	니 나 리 따이 **～になりたい** ～이(가) 되고 싶어	센 세 - **せんせい** 선생님	야 꾸 - 센 슈 **やきゅうせんしゅ** 야구선수	이 샤 **いしゃ** 의사
게 - 사 프 깡 **けいさつかん** 경찰관	탄 죠 - 비 **たんじょうび** 생일	프레 젠 또 **プレゼント** 선물	가 호시 - **～がほしい** ～이(가) 갖고 싶다	

단어를 외워요 たんご

스티커 부록 153쪽

1 그림에 알맞은 스티커를 붙여보세요.

なにに 되고 싶어 ?

야구 선수 に なりたい。

의사 に なりたい。

선생님 に なりたい。

경찰관 に なりたい。

なにが 갖고 싶어 ?

자전거 が ほしい。

게임기 が ほしい。

말해봐요

Track **8-2**

1 선생님과 친구들이 되고 싶은 것과 갖고 싶은 것을 이야기하고 있어요.

유이
소 라 상 와 쇼 - 라 이
そらさんは しょうらい
나 니 니 나 리 따 이
なにに なりたい？

소라는 장래 뭐가 되고 싶어?

소라
보 꾸 와 야 뀨 - 센 슈 니
ぼくは やきゅうせんしゅに
나 리 따 이 유 이 상 와
なりたい。ゆいさんは？

나는 야구선수가 되고 싶어. 유이는?

유이
와 따 시 와 센 - 세 - 니 나 리 따 이
わたしは せんせいに なりたい。

나는 선생님이 되고 싶어.

시우
카 나 상 모 - 스 구
かなさん、もうすぐ
탄 죠 - 비 다 네
たんじょうびだね。
탄 죠 - 비 프 레 젠 또
たんじょうび プレゼント
나 니 가 호 시 -
なにが ほしい？

카나야, 이제 곧 생일이네.
생일 선물 뭐가 갖고 싶어?

카나
카 와 이 - 닝 교 - 가
かわいい にんぎょうが
호 시 -
ほしい。

귀여운 인형이 갖고 싶어.

단어

쇼 - 라 이
しょうらい 장래 │
니 나 리 따 이
~に なりたい ~이(가) 되고 싶어 │
야 뀨 - 센 슈
やきゅうせんしゅ 야구선수 │
모 - 스 구
もうすぐ 이제 곧 │
탄 죠 - 비
たんじょうび 생일 │
프 레 젠 또
プレゼント 선물 │
가 호 시 -
~が ほしい ~이(가) 갖고 싶어 │
카 와 이 -
かわいい 귀여운 │
닝 교 -
にんぎょう 인형

선생님 <ruby>み<rt>미</rt></ruby><ruby>な<rt>나</rt></ruby><ruby>さん<rt>상</rt></ruby>は しょうらい
なにに なりたいですか。

여러분은 장래 뭐가 되고 싶어요?

시우 ぼくは いしゃに
なりたいです。

저는 의사가 되고 싶어요.

카나 わたしは かしゅに
なりたいです。

저는 가수가 되고 싶어요.

선생님 もうすぐ クリスマスですね。
クリスマス プレゼントは
なにが ほしいですか。

곧 크리스마스네요.
크리스마스 선물은 뭐가 갖고 싶어요?

유이 わたしは じてんしゃが
ほしいです。

저는 자전거가 갖고 싶어요.

소라 ぼくは あたらしい
ゲームきが ほしいです。

저는 새 게임기가 갖고 싶어요.

단어

みなさん 여러분 | いしゃ 의사 | かしゅ 가수 | クリスマス 크리스마스 | じてんしゃ 자전거 | あたらしい 새로운
ゲームき 게임기

연습해요

1 카드를 보고 그 사람이 되어서 장래희망과 받고 싶은 선물에 대해 말해보세요.

예시

시우: <ruby>ぼく<rt>보꾸</rt></ruby>は <ruby>しょうらい<rt>쇼-라이</rt></ruby> <ruby>けいさつかん<rt>케-사쯔깡</rt></ruby>に <ruby>なりたいです<rt>나리따이데스</rt></ruby>。

저는 장래 경찰관이 되고 싶어요.

<ruby>たんじょうび<rt>탄죠-비</rt></ruby> <ruby>プレゼント<rt>프레젠또</rt></ruby>は <ruby>スマホ<rt>스마호</rt></ruby>が <ruby>ほしいです<rt>호시-데스</rt></ruby>。

생일 선물은 스마트폰이 갖고 싶어요.

단어

けいさつかん 경찰관 | スマホ 스마트폰 | やきゅうせんしゅ 야구선수 | グローブ 글로브 | いしゃ 의사
ゲームき 게임기 | せんせい 선생님 | かばん 가방

86

2 생일 선물 리스트를 보고 친구와 말해보세요.

☑ 갖고 싶은 선물 리스트	☑ 갖고 싶지 않은 선물 리스트
❶ ねこ	おもちゃ
❷ じてんしゃ	にんぎょう
❸ ゲームき	ほん
❹ スマホ	かばん

예시

A: 탄 죠- 비 프레젠 또
たんじょうび プレゼント   생일 선물
네꼬가 호시-노
ねこが ほしいの？   고양이가 갖고 싶어?

B: 응 호시-
うん、ほしい。   응, 갖고 싶어.

A: 오모 쨔 모 호시-
おもちゃも ほしい？   장난감도 갖고 싶어?

B: 우응 오모 쨔 와 호시꾸나이
ううん、おもちゃは ほしくない。   아니, 장난감은 갖고 싶지 않아.

 단어

네꼬 오모 쨔 지텐 샤 닝 고- 게-무끼 홍
ねこ 고양이 | おもちゃ 장난감 | じてんしゃ 자전거 | にんぎょう 인형 | ゲームき 게임기 | ほん 책 |
스마호 카방 탄 죠- 비 프레젠 또
スマホ 스마트폰 | かばん 가방 | たんじょうび プレゼント 생일 선물

함께 놀아요

빙고 게임

놀이 방법

1 아래 보기의 단어를 빙고 칸에 자유롭게 채워 넣어요.

2 짝꿍과 가위바위보를 하고 예시와 같이 질문하고 대답해요.

> **예시** 진 사람: しょうらいなにになりたい? *쇼 - 라이 나니니 나리따이* 장래에 무엇이 되고 싶어?
>
> 이긴 사람: (직업 이름)になりたい。*니 나리따이* (직업 이름)이 되고 싶어.

3 이긴 사람이 말한 직업을 빙고판에서 두 사람 모두 지워요.

4 교대로 질문과 대답을 해서 연이은 4칸을 먼저 지운 사람이 "빙고"를 외치고 "よくできました (참 잘했어요)" 스티커를 받아요! **스티커 부록 159P**

빙고!

보기

いしゃ *이샤*	의사
けいさつかん *케-사쯔깡*	경찰관
かしゅ *카슈*	가수
サッカーせんしゅ *삭까-센슈*	축구선수
せんせい *센세-*	선생님
べんごし *벵고시*	변호사
アナウンサー *아나운사-*	아나운서
シェフ *셰후*	셰프, 요리사
ピアニスト *피아니스또*	피아니스트
ユーチューバー *유-쮸-바-*	유튜버
まんがか *망가까*	만화가
はいゆう *하이유*	배우
やきゅうせんしゅ *야꾸-센슈*	야구선수
けんきゅういん *켕뀨-잉*	연구원
かんごし *캉고시*	간호사
プロゲーマー *프로게-마*	프로게이머

들어봐요

Track **8-3**

1 대화를 듣고 친구들의 장래 희망을 선으로 연결하세요.

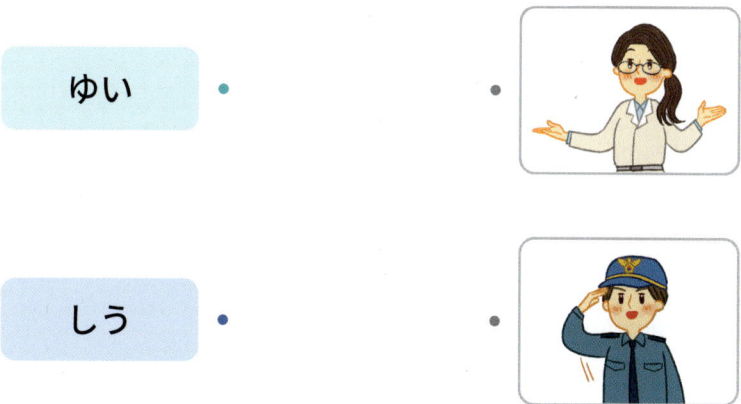

ゆい •

しう •

•

•

2 대화를 듣고 친구들이 갖고 싶은 것을 보기에서 골라 적으세요.

1	2

보기

A

B

C

D

E

F

· 다나바타 ·

'たなばた(다나바타)'는 7월 7일에 열리는 행사로 은하수를 사이에 두고 헤어진 견우와 직녀가 1년에 한 번 만난다는 중국의 전설에서 왔어요. 1년에 한 번 견우와 직녀의 소원이 이루어지는 날에 'たんざく(단자쿠)'라는 종이에 소원을 적어 대나무 가지에 걸어 놓으면 그 소원이 이루어진다고 해요. 일본의 초등학교에서는 미술 시간에 이것을 만들어서 자신의 소원을 써서 반에 장식을 해 놓곤 해요.

여러분도 단자쿠에 소원을 써보세요.

▲ 다나바타를 맞이하는 길거리 풍경

▲ 단자쿠

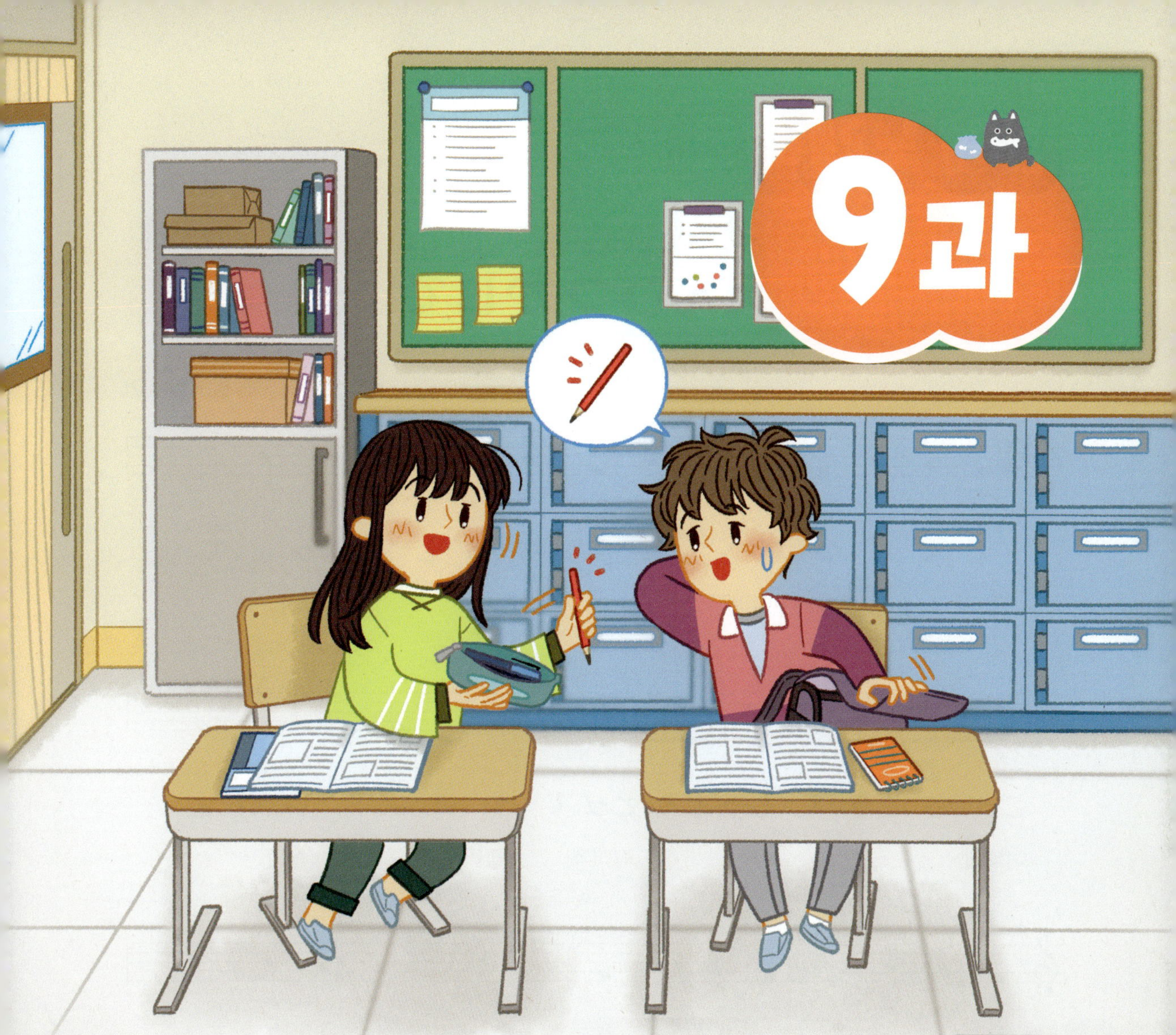

Track 9

엠　　삐쯔　　카　시　떼

えんぴつ、かして。

연필 빌려줘.

 **학습 목표**

🔍 [~해 줘] 표현을 배워요.

🔍 [~해 주세요] 표현을 배워요.

_{엠 삐쯔 카 시 떼}

えんぴつ かして

"Are you sleeping" 반주에 맞춰 불러 보세요!

えん	ぴ	つ	か		し	て	ちょっ	と	まっ	て
연필			빌려줘				잠깐		기다려	

こっ ち に き て しゃ しん とっ て いい よ いい よ

이쪽에　　와　　사진　　찍어 줘　　좋아　　　좋아

れん しゅう し て そう じ てつだっ て みん な がんばっ て

연습　　해　　청소　　도와줘　　모두　　　힘내

こっ ち に ならん で は やく き て は い わかっ た

이쪽에　　줄 서　　빨리　　와　　그래　　　알았어

단어

えんぴつ 연필 | かして 빌려줘 | ちょっと 잠깐 | まって 기다려 | こっちに 이쪽에 | きて 와 | しゃしん 사진 |
とって 찍어 줘 | いいよ 좋아, 그래 | れんしゅう 연습 | して 해 | そうじ 청소 | てつだって 도와줘 | みんな 모두 |
がんばって 힘내, 열심히 해 | ならんで 줄 서 | はやく 빨리

단어를 외워요 たんご

1 그림에 알맞은 스티커 붙여보세요.

えんぴつ

빌려줘

ちょっと

기다려

みんな

힘내

しゃしん

찍어 줘

これ

도와줘

こっちに

줄 서

はやく

와

れんしゅう

해

🎤 말해봐요

1 친구들이 교실에서 이야기하고 있어요.

소라 あ、ペンケース わすれた。
ゆいさん、えんぴつ かして。

아, 필통 잊어버렸어. 유미야 연필 빌려줘.

유이 いいよ。はい。

좋아, 자.

소라 ありがとう。

고마워.

카나 しうさん、そうじ てつだって。

시우야, 청소 도와줘.

시우 いいよ。でも、
ちょっと まって。

그래. 근데 잠깐 기다려.

카나 はやく きて。

빨리 와.

시우 わかったよ。

알았어.

🐱 단어

ペンケース 필통 | わすれた 잊어버렸어 | えんぴつ 연필 | かして 빌려줘 | いいよ 좋아 | はい 자 |
ありがとう 고마워 | そうじ 청소 | てつだって 도와줘 | でも 근데 | ちょっと 잠깐 | まって 기다려 | はやく 빨리 |
きて 와

선생님 らいしゅう うんどうかいが あります。ドッジボールが したい ひとは てを あげて ください。

다음 주에 운동회가 있어요.
피구가 하고 싶은 사람은 손을 들어 주세요.

학생들 はい。저요.

선생님 じゃあ、みんな れんしゅう して くださいね。

그럼, 모두 연습하세요.

유이 せんせい、ボールを かして ください。

선생님 공을 빌려주세요.

선생님 いいですよ。でも、ボールは あとで かえして くださいね。

좋아요. 하지만 공은 나중에 돌려주세요.

유이 はい、わかりました。

네, 알겠어요.

선생님 じゃあ、れんしゅう がんばって ください。

그럼, 연습 열심히 하세요.

단어

らいしゅう 다음 주 | うんどうかい 운동회 | ドッジボール 피구 | したい 하고 싶은 | ひと 사람 | て 손 |
あげて ください 들어 주세요 | して ください 하세요 | ボール 공 | かして ください 빌려주세요 | あとで 나중에 |
かえして ください 돌려주세요 | がんばって ください 열심히 하세요

연습해요

1 그림을 보고 상황에 맞는 문장을 찾아 줄로 이어보세요.

샤 싱   톳 떼
しゃしん、とって。

감   밧 떼
がんばって！

춋   또   테 쯔 닷 떼 쿠 다 사 이
ちょっと、てつだって ください。

단어

샤   싱   톳 떼   감   밧 떼   춋   또   테 쯔 닷 떼
しゃしん 사진 | **とって** 찍어 줘 | **がんばって** 힘내 | **ちょっと** 잠깐, 잠시 | **てつだって** 도와줘

（画面上のイラスト内の吹き出し）
힘내라!

모두 같이 응원해 주세요!

하이　와까리마시따
はい、わかりました。

하이　치 - 즈
はい、チーズ〜

민 나　잇 쇼 니 오 - 엔 시 떼 쿠 다 사 이
みんな、いっしょに おうえんして ください！

단어

わかりました 알겠습니다 | はい、チーズ [사진 찍을 때 하는 말] 하나 둘 셋 | みんな 모두 | いっしょに 같이 |
おうえんして 응원해 줘

함께 놀아요

청기 백기 게임

놀이 방법

1 파란 종이와 하얀 종이를 오려 깃발을 만들어요. `청기백기 139P`

2 모두 일어나서 선생님이 말하는 것을 잘 듣고 그대로 동작을 해요.

예시
아 오 아 게 떼
あお あげて 파란색 올려　　시 로 아 게 떼 **しろ あげて** 흰색 올려

아 오 사 게 나 이 데
あお さげないで 파란색 내리지 말고　　시 로 사 게 떼 **しろ さげて** 흰색 내려

3 동작을 틀린 사람은 자리에 앉아요.

4 마지막까지 남은 사람이 "よくできました (참 잘했어요)"
스티커를 받아요! `스티커 부록 159P`

들어봐요

1 다음을 듣고 그림에 알맞은 알파벳을 고르세요.

2 대화를 듣고 해당하는 것을 보기에서 골라 적으세요.

1	2

 보기

A がんばって   B おうえんして   C きて

D かして   E かえして   F ならんで

· 고타쓰 ·

일본은 우리나라와 달리 대부분의 집에 온돌이 없기 때문에 겨울에는 집이 많이 추워요. 그래서 난방을 틀어 놓고 지내지만, 난방은 온돌과 달리 바닥이 따뜻하지 않기 때문에 전기 카펫이나 전기담요 등을 난방과 함께 사용해요. 또 'こたつ(고타쓰)'라는 나무로 만든 탁자에 이불이나 담요 등을 덮은 난방기구를 많이 사용하는데요, 이 안으로 들어가면 아주 따뜻해요. 그래서 겨울철에는 가족 모두가 여기서 식사하기도 하고 함께 귤을 먹으면서 도란도란 얘기를 하기도 해요. 따뜻한 'こたつ(고타쓰)'에서 나오지 않고 생활을 하는 사람을 'こたつむり(고타쓰무리)'라고 하는데 이것은 달팽이 'かたつむり(가타쓰무리)'와 'こたつ(고타쓰)'를 더한 합성어로, 그 모습이 달팽이와 닮아서 그렇게 부른다고 해요.

Track 10

これ、
코 레

つかっても いい？
쯔 깟 떼 모 이 -

이거, 써도 돼?

 학습 목표

[~해도 돼?] 표현을 배워요.

함께 노래해요

Track 10-1

아 손 데 모 이 -
あそんでも いい？

"Old Macdonald Had A Farm" 반주에 맞춰 불러 보세요!

잇 쇼 니 아 손 데 모   이 - 이 - 요
いっしょに あ そ ん で も   い い? い い よ
같이　　　　놀아도　　　　돼?　　그래

우 피 니   잇 떼 모   이 - 이 - 요   쥬 - 스
う ち に   いって も   い い? い い よ   ジュース
집에　　　　가도　　　　돼?　　그래　　　주스

논 데 모 오 까 시 타 베 떼 모   망 가 욘 데 모 옹 가 꾸 키 - 떼 모
のんで もおかしたべて も   まん が よんでもおんがくきいても
마셔도　　과자　먹어도　　　만화　읽어도　음악　들어도

펭 오 쯔 깟 떼 모   이 - 이 - 요
ペン を つかって も   い い? い い よ
펜을　　　써도　　　　돼?　　그래

단어

잇 쇼 니
いっしょに 같이 | 아 손 데 모 이 -
あそんでも いい? 놀아도 돼? | 이 - 요
いいよ 돼, 괜찮아 | 우 피 니
うちに 집에 | 잇 떼 모 이 -
いっても いい? 가도 돼?
쥬 - 스
ジュース 주스 | 논 데 모
のんでも 마셔도 | 오 까 시
おかし 과자 | 타 베 떼 모
たべても 먹어도 | 망 가
まんが 만화 | 욘 데 모
よんでも 읽어도 | 옹 가 꾸
おんがく 음악
키 - 떼 모
きいても 들어도 | 펭
ペン 펜 | 쯔 깟 떼 모 이 -
つかっても いい? 써도 돼?

102

단어를 외워요 _{たんご}

스티커 부록 155쪽

1 그림에 알맞은 스티커를 붙여보세요.

1 おかし [먹어도 돼] ？

2 まんが [읽어도 돼] ですか。

3 ペン、 [써도 돼] ？

4 おんがく [들어도 돼] ですか。

말해봐요

1 소라가 시우를 집으로 초대했어요.

소라
モシモシ　シウ　サン
もしもし、しうさん。
キョーウチデアソバナイ
きょう うちで あそばない？
여보세요. 시우야.
오늘 우리 집에서 놀지 않을래?

시우
イッテモ イーノ
いっても いいの？
가도 돼?

소라
ウン　ジャー　アトデネ
うん。じゃあ、あとでね。
응. 그럼, 있다가 봐.

시우
オカーサン　ソラサンノ
おかあさん、そらさんの
イエデ アソンデモ イー
いえで あそんでも いい？
엄마, 소라 집에서 놀아도 돼?

시우 엄마
イーワヨ　デモ
いいわよ。でも、
ロクジマデニワ カエッテキテネ
6じまでには かえってきてね。
イッ テ ラッ シャイ
いってらっしゃい。
괜찮아. 하지만
6시까지는 돌아와. 잘 다녀와.

시우
イッ テ キマ ス
いってきます。
다녀오겠습니다.

단어

モシモシ
もしもし 여보세요 | きょう 오늘 | うち 우리집 | あそばない？ 놀지 않을래? | いってもいい？ 가도 돼? |

アトデネ　　　　　　　オカーサン　　　　　アソンデモイー　　　　　　イーワヨ　　　　デモ
あとでね 있다 봐 | おかあさん 엄마 | あそんでもいい？ 놀아도 돼? | いいわよ 괜찮아 | でも 하지만 |

カエッテキテ　　　　　　　イッテラッシャイ　　　　　　イッテキマス
かえってきて 돌아와 | いってらっしゃい 잘 다녀와 | いってきます 다녀오겠습니다

소라 엄마	しうさん、いらっしゃい。	시우야, 어서 와.
시우	おじゃまします。	실례하겠습니다.
	わあ、かわいい いぬ。	와, 귀여운 강아지네.
소라	なまえは ココだよ。	이름은 코코야.
시우	ココと あそんでも いいですか。	코코랑 놀아도 돼요?
소라 엄마	ええ、いいですよ。	네, 괜찮아요.
시우	ココに おかしを あげても いいですか。	코코한테 과자를 줘도 돼요?
소라 엄마	おかしは だめですよ。	과자는 안돼요.

단어

いらっしゃい 어서 와요 | おじゃまします 실례하겠습니다 | かわいい いぬ 귀여운 강아지 | なまえ 이름 |
あそんでも いいですか 놀아도 돼요? | おかし 과자 | あげても いいですか 줘도 돼요? | だめですよ 안돼요

연습해요

① 그림을 보고 교실에서 해도 되는 행동인지 친구와 함께 말해보세요.

たべても いい？

 VS

おかし   おべんとう

よんでも いい？

 VS

にっき   まんが

つかっても いい？

 VS

スマホ   ボールペン

のんでも いい？

 VS

みず   ジュース

예시

A: きょうしつで おかし たべても いい？
쿄 - 시쯔데 오까시 타베떼모 이 -
교실에서 과자 먹어도 돼?

B: だめだよ。
다 메 다 요
안 돼.

A: じゃあ、おべんとう たべても いい？
쟈 - 오벤 또 - 타베떼모 이 -
그럼, 도시락 먹어도 돼?

B: うん、いいよ。
응 이 이 요
응, 괜찮아.

단어

きょうしつ 교실 | おかし 과자 | たべても いい? 먹어도 돼? | だめだよ 안 돼 | おべんとう 도시락 |
쿄 - 시쯔   오까시   타베떼모이 -   다메다요   오벤 또 -

いいよ 괜찮아 | にっき 일기 | まんが 만화 | スマホ 스마트폰 | ボールペン 볼펜 | みず 물 | ジュース 주스 |
이 - 요   닛끼   망 가   스마호   보 - 루펜   미즈   쥬 - 스

よんでも いい? 읽어도 돼? | つかっても いい? 써도 돼? | のんでも いい? 마셔도 돼?
욘데모이 -   쯔갓떼모이 -   논데모이 -

2 수업시간의 규칙에 대해 말해보세요.

<수업시간 규칙>

おんがくを きいても いい？	✕
トイレに いっても いい？	○
ともだちと はなしても いい？	✕
えを かいても いい？	✕
みずを のんでも いい？	○
うたを うたっても いい？	✕

예시

A: _{쥬 교 쥬-니} _{옹 가꾸오 키-떼모 이-데스까}
じゅぎょうちゅうに おんがくを きいても いいですか。

수업 중에 음악을 들어도 돼요?

B: _{에- 이-데스요} _{이-에 다메데스요}
ええ、いいですよ。 / いいえ、だめですよ。

네, 괜찮아요. / 아니요, 안 돼요.

단어

_{쥬 교 쥬-니} じゅぎょうちゅうに 수업 중에	_{옹 가꾸} おんがく 음악	_{키-떼모이-데스까} きいても いいですか 들어도 돼요?		_{토 이 레} トイレ 화장실
_{잇 떼모이-} いっても いい? 가도 돼?	_{하나시떼모이-} はなしても いい? 말해도 돼?	_{카이떼모이-} かいても いい? 그려도 돼?		_{우 따} うた 노래
_{우 땃 떼모이-} うたっても いい? 불러도 돼?				

함께 놀아요

· 보드 게임 ·

놀이 방법

1 2~3명씩 한 팀이 되어 2~3개의 말을 준비해요.

2 가위 바위 보를 해서 이긴 팀이 주사위를 던져 나온 숫자만큼 이동해요. `주사위 141P`

3 그 칸에 있는 그림을 보고 "~해도 돼?"라고 말해요. 이때 말하지 못한 경우 원래의 칸으로 돌아가요.

> **예시** 보 - 루 펜 즈 갓 떼모 이 -
> **ボールペン つかっても いい?** 볼펜 써도 돼?

5 모든 말이 먼저 골에 들어온 팀이 "よくできました (참 잘했어요)" 스티커를 받아요! `스티커 부록 159P`

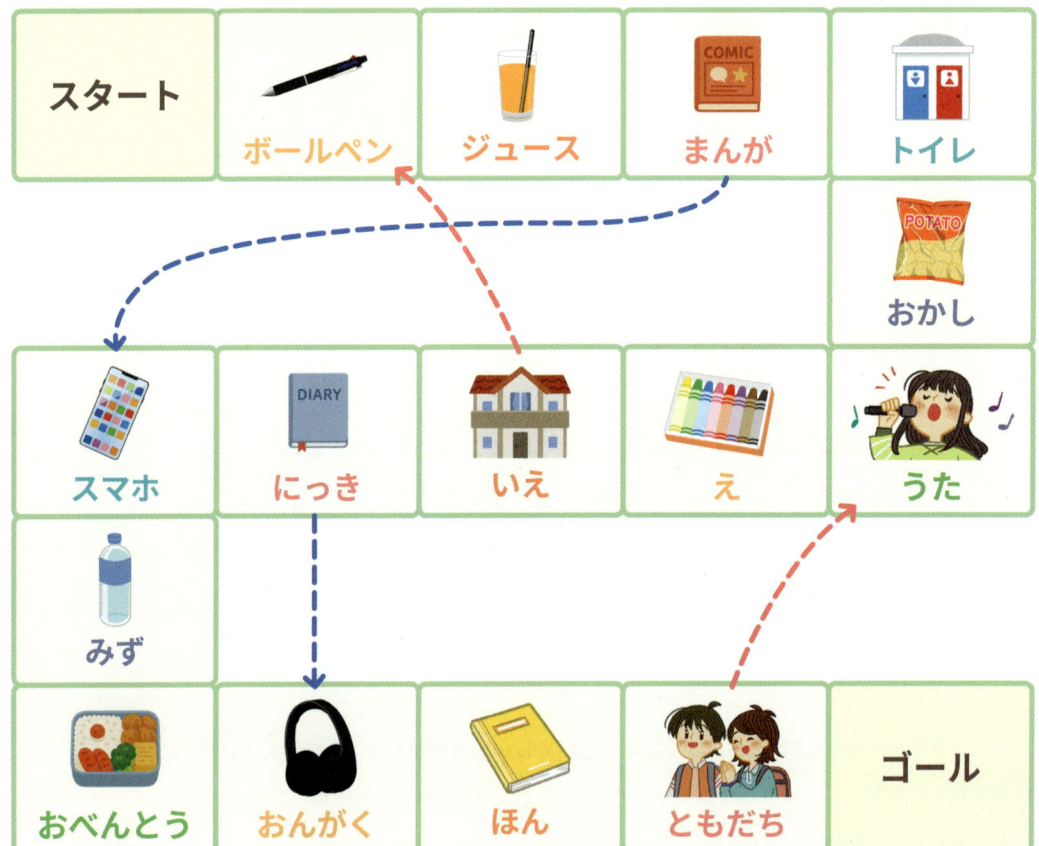

Track 10-3

1 대화를 듣고 해당하는 것을 보기에서 골라 적으세요.

1

보기

A スマホを つかう   B おかしを たべる   C おんがくを きく

2

해도 되는 것 : _____

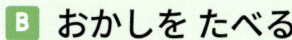

해서는 안 되는 것 : _____

보기

A マンガを よむ   B ジュースを のむ

C ほんを よむ   D みずを のむ

• 일본의 식사 예절 •

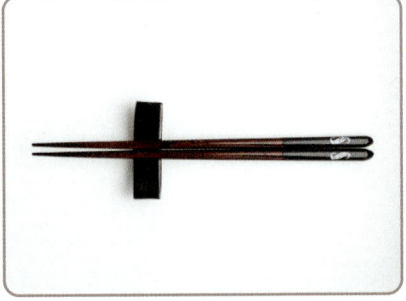

1 젓가락

일본에서는 식사를 할 때 젓가락을 세로로 놓지 않고 가로로 놓아요. 그 이유는 세로로 놓으면 상대를 공격하는 것처럼 보이기 때문이라고 해요.

2 들고 먹어요

숟가락은 거의 쓰지 않아요. 그래서 밥을 먹을 때는 밥그릇을 들고 먹고, 국을 먹을 때는 국그릇을 들고 마시면 돼요.

3 비비지 않고 먹어요

우리나라에서는 비벼 먹는 게 익숙하지만 일본에서는 비벼 먹는 문화가 없어요. 그래서 카레나 덮밥의 경우도 비벼 먹지 않는 게 일반적이에요.

그 밖에도 다른 사람에게 반찬을 전해줄 때 먹던 젓가락이 아닌 새 젓가락으로 줘야 하고, 반찬을 주고받을 때도 젓가락으로 주거나 받지 않아요.

11과

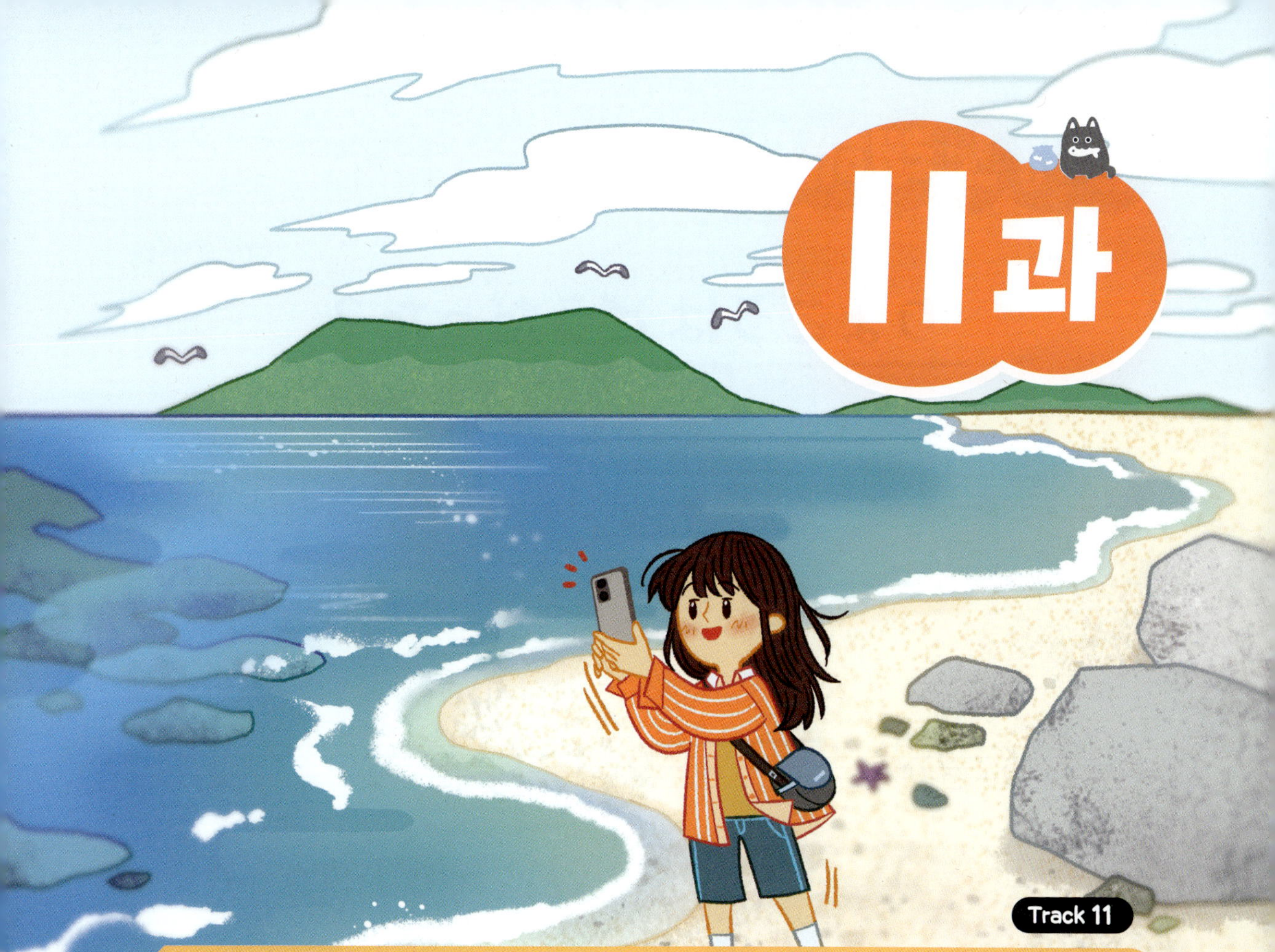

Track 11

료 꼬 -
りょこう、
타 노 시 깟 따
たのしかった？

여행 즐거웠어?

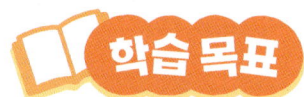

학습 목표

- 이형용사 [~했어] 표현을 배워요.
- 나형용사 [~했어] 표현을 배워요.
- 동사 [~했어] 표현을 배워요.

함께 노래해요 ♪

Track 11-1

료꼬 - 와 도 - 닷 따
りょこうは どうだった？

"yankee doodle" 반주에 맞춰 불러 보세요!

료 꼬 - 와 도 - 닷 따 타 노 시 깟 따
りょこ う は ど う だった？ た の し かっ た
여행은　　　　　　어땠어?　　　　즐거웠어

텡 끼 와 요 깟 따 료 - 리 모 오 이 시 깟 따
て ん き は よ かっ た りょうりも おいし かっ た
날씨는　　　　좋았어　　　요리도　　맛있었어

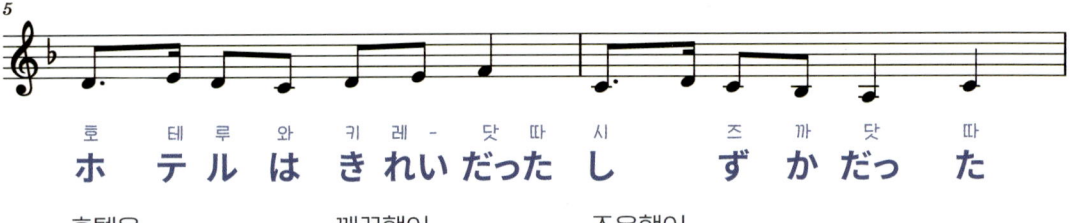

호 테 루 와 키 레 - 닷 따 시 즈 까 닷 따
ホ テ ル は きれい だった し ず か だっ た
호텔은　　　　깨끗했어　　　조용했어

마 쯔 리 와 니 기 야 까 닷 따 타 이 헨 닷 따
ま つ り は にぎ やか だった た い へ ん だっ た
축제는　　　　북적거렸어　　　힘들었어

🐱 단어

료꼬 - 　　　　　　　도 - 닷 따　　　　타 노 시 깟 따　　　　텡 끼　　　요 깟 따　　　　료 - 리
りょこう 여행 ｜ どうだった？ 어땠어? ｜ たのしかった 즐거웠어 ｜ てんき 날씨 ｜ よかった 좋았어 ｜ りょうり 요리 ｜

오 이 시 깟 따　　　　호 테 루　　　키 레 - 닷　　　시 즈 까 닷 따　　　마 쯔 리
おいしかった 맛있었어 ｜ ホテル 호텔 ｜ きれいだった 깨끗했어 ｜ しずかだった 조용했어 ｜ まつり 축제 ｜

니 기 야 까 닷 따　　　　타 이 헨 닷 따
にぎやかだった 북적거렸어 ｜ たいへんだった 힘들었어

단어를 외워요 _{たんご}

스티커 부록 157쪽

1 그림에 알맞은 스티커 붙여보세요.

りょこうは

즐거웠어

ラーメンは

맛있었어

まんがは

재밌었어

にほんは

더웠어

てんきは

좋았어

ホテルは

깨끗했어

はなびたいかいは

북적거렸어

まちは

조용했어

やまは

힘들었어

Track 11-2

소라 나쯔야스미 나니오 시따
なつやすみ、なにを した？
여름방학에 뭘 했어?

유이 료꼬-니 잇따
りょこうに いった。
여행 갔어.

소라 료꼬-와 도- 닷따
りょこうは どうだった？
여행은 어땠어?.

유이 스고꾸 타노시 깟 따
すごく たのしかった。
굉장히 즐거웠어.

소라 텡 끼와 요 깟 따
てんきは よかった？
날씨는 좋았어?

유이 응 요 깟 따요
うん、よかったよ。
응. 좋았어.

시우 카나 상 야마와 도- 닷따
かなさん、やまは どうだった？
카나야, 산은 어땠어?

카나 혼 또-니 타이헨 닷 따
ほんとうに たいへんだった。
정말 힘들었어.

시우 케 시 끼와 도- 닷 따
けしきは どうだった？
경치는 어땠어?

카나 스 고 꾸 키레- 닷 따요
すごく きれいだったよ。
굉장히 예뻤어.

단어

나쯔야스미 료꼬-니잇따 도- 닷따 스고꾸 타노시 깟따
なつやすみ 여름방학 | りょこうにいった 여행 갔어 | どうだった? 어땠어? | すごく 굉장히 | たのしかった 즐거웠어 |
텡끼 요 깟 따 야마 혼 또-니 타이헨 닷 따 케시끼
てんき 날씨 | よかった 좋았어 | やま 산 | ほんとうに 정말 | たいへんだった 힘들었어 | けしき 경치 |
키 레- 닷 따
きれいだった 예뻤어

선생님	しうさん、なつやすみは なにを しましたか。	시우야, 여름방학에는 무엇을 했어요?
시우	にほんに いきました。	일본에 갔어요.
선생님	にほんで なにを しましたか。	일본에서 뭘 했어요?
시우	はなびを みました。 はなびは ほんとうに きれいでした。 それから ラーメンも たべました。	불꽃놀이를 봤어요. 불꽃놀이는 정말 예뻤어요. 그리고 라멘도 먹었어요.
선생님	ラーメンは おいしかったですか。	라멘은 맛있었어요?
시우	はい、すごく おいしかったです。	네, 굉장히 맛있었어요.

단어

しましたか 했어요? | にほん 일본 | ～に ～에 | いきました 갔어요 | ～で ～에서 | はなび 불꽃놀이 |
みました 봤어요 | ほんとうに 정말 | きれいでした 예뻤어요 | それから 그리고 | ラーメン 라멘 |
たべました 먹었어요 | おいしかったです 맛있었어요

연습해요

1 그림을 보고 친구와 함께 말해보세요.

やま

うみ

どうぶつえん

さむい
おにぎり
まずい

あつい
さしみ
おいしい

たのしい
おべんとう
おいしい

예시

야스미와 도꼬니 잇따
A : やすみは どこに いった？　　　　　　방학에는 어디에 갔어?

야마니 잇따 야마와 사무깟따
B : やまに いった。やまは さむかった。　　산에 갔어. 산은 추웠어.

나니오 타베따
A : なにを たべた？　　　　　　　　　　　뭘 먹었어?

오니기리오 타베따 마즈깟따
B : おにぎりを たべた。まずかった。　　　주먹밥을 먹었어. 맛이 없었어.

단어

도꼬니 どこに 어디에 ┃ 잇따 いった 갔다 ┃ 사무깟따 さむかった 추웠다 ┃ 아쯔깟따 あつかった 더웠다 ┃ 타노시깟따 たのしかった 즐거웠다

나니오 なにを 뭘,무엇을 ┃ 타베따 たべた 먹었어 ┃ 마즈깟따 まずかった 맛이 없었어 ┃ 오이시깟따 おいしかった 맛있었다

2 그림을 보고 친구와 함께 말해보세요.

야마와 도-데시따까
A: <u>やまは</u> <u>どうでしたか</u>。　　　산은 어땠어요?

야마와 타이헨 데시따
B: <u>やまは</u> <u>たいへんでした</u>。　　산은 힘들었어요.

우 미　시즈까다
1 うみ / しずかだ

마쯔리　니가야까다
2 まつり / にがやかだ

토테루　키레-다
3 ホテル / きれいだ

 단어

도-데시따까
どうでしたか? 어땠어요? ｜ 타이헨 데시따
たいへんでした 힘들었어요 ｜ 시즈까데시따
しずかでした 조용했어요 ｜ 마쯔리
まつり 축제 ｜

니기야까데시따
にぎやかでした 북적거렸어요, 붐볐어요 ｜ 키레-데시따
きれいでした 깨끗했어요, 예뻤어요

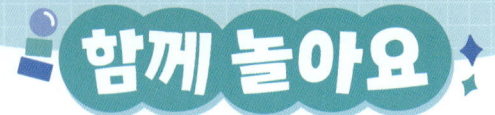

함께 놀아요

일기를 써봐요

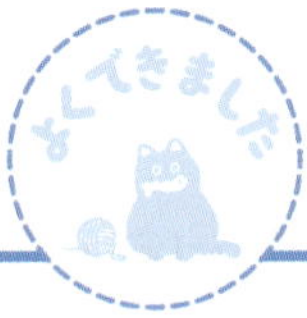

놀이 방법

1. 일기장에 기억에 남는 여행에 대해 일기를 써봐요.
2. 일기를 다 썼으면 한 사람씩 나가서 발표를 해요.
3. 발표를 가장 잘 한 사람이 "よくできました (참 잘했어요)" 스티커를 받아요! 스티커 부록 159P

들어봐요

1 대화를 듣고 둘 중 알맞은 그림 쪽에 동그라미 하세요. (○)

 ( )　　 ( )

 ( )　　 ( )

 ( )　　 ( )

 ( )　　 ( )

일본이 궁금해요

일본의 주요 도시

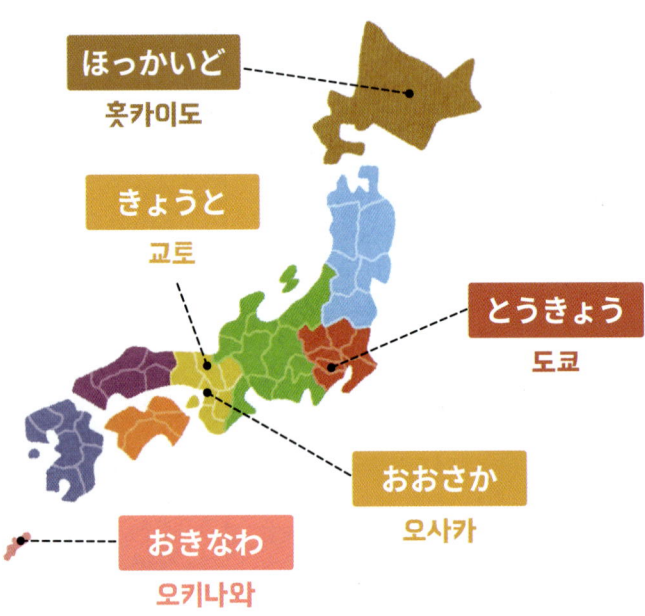

ほっかいどう
홋카이도

きょうと
교토

とうきょう
도쿄

おおさか
오사카

おきなわ
오키나와

홋카이도 : 일본의 가장 북쪽에 있는 섬이에요. 여름에는 아름다운 라벤더 꽃밭이 펼쳐지고, 겨울에는 눈이 2미터가 넘게 내려요. 2월 초에 눈축제가 열릴 때면 매년 많은 관광객으로 붐벼요.

도쿄 : 일본의 수도예요. 뉴욕, 런던과 함께 세계 3대 도시로 꼽히며 센소지, 오다이바 등 볼거리가 많고 전통과 현대가 어우러진 도시예요.

오사카 : 전통적인 문화와 함께 예능과 유머가 넘치는 서일본의 중심도시예요. 대표적인 관광지로는 도톤보리 거리, 유니버셜 스튜디오 등이 있어요.

교토 : 도쿄가 수도가 되기 전까지 일본의 수도였어요. 금각사, 청수사 등 일본의 대표적인 절이 있는 곳으로 일본의 전통적인 가옥과 거리가 남아 있는 도시예요.

오키나와 : 일본에서 가장 따뜻한 섬으로 겨울에도 기온이 14도에서 19도 정도예요. 본래 류큐 왕국이었던 곳으로 류큐 왕국의 전통공예와 아름다운 바다 풍경을 볼 수 있어요.

정답 + 듣기 스크립트

정답

 1과 かさは いくらですか。 **19쪽**

1 ④

2 ②

 2과 きょうは なんがつ なんにち？ **29쪽**

1 ④

2 ④

 3과 しゅうまつは なにを する？ **39쪽**

1 ① ③
　　② ②

2 ②

4과 しゅみは なあに？　**49쪽**

1 しう　C, D
　かな　A, B

2 そら　A, B
　ゆい　D, F

5과 おいしいもの たべよう。　**59쪽**

1 ③

2 ②

6과 いっしょに あそばない？　**69쪽**

1 1 C
　2 D

2 1 A
　2 D

정답

7과 にほんに いきたい。 79쪽

1
- ① ③
- ② ③

8과 なにに なりたい？ 89쪽

1
- ゆい ●———● 선생님
- しう ●———● 경찰

2
- ① C
- ② D

9과 えんぴつ、かして。 99쪽

1
- ① A
- ② B

2
- ① D, E
- ② C, F

 **10과** これ、つかっても いい？　**109쪽**

 1️⃣ B

2️⃣ A

 해도 되는 것　C, D

해서는 안 되는 것　A, B

 **11과** りょこう、たのしかった？　**119쪽**

1️⃣

듣기 스크립트

1과 かさは いくらですか。

1 대화를 듣고 질문에 알맞은 답을 고르세요.

① 전부 얼마입니까?

A: すみません、オレンジジュースは いくらですか。
(저기요, 오렌지 주스는 얼마예요?)

B: 500えんです。(500엔입니다.)

A: マカロンは いくらですか。 (마카롱은 얼마예요?)

B: マカロンは、ひとつ 300えんです。 (마카롱은 1개 300엔입니다.)

A: オレンジジュース ひとつと マカロン ふたつ ください。
(오렌지주스 1개와 마카롱 2개 주세요.)

② 버스 티켓은 얼마입니까?

A: すみません、とうきょうから おおさかまで いくらですか。
(저기요, 도쿄에서 오사카까지 얼마예요?)

B: バスですか。しんかんせんですか。 (버스예요? 신칸센이에요?)

A: バスで おねがいします。 (버스로 부탁드립니다.)

B: バスは かたみち 5000えんです。 (버스는 편도 5000엔입니다.)

A: 2まい ください。 (2장 주세요.)

きょうは なんがつ なんにち？

1 대화를 듣고 질문에 알맞은 답을 고르세요.

1 시우의 생일은 몇 월 며칠입니까?

A: しうさんの たんじょうびは なんがつ なんにちですか。
(시우의 생일은 몇 월 며칠이에요?)

B: ぼくの たんじょうびは はちがつ にじゅうさんにちです。
(제 생일은 8월 23일이에요.)

2 여름방학은 언제부터 언제까지입니까?

A: せんせい、なつやすみは いつから いつまでですか。
(선생님, 여름방학은 언제부터 언제까지예요?)

B: なつやすみは しちがつ にじゅういちにちから はちがつ
さんじゅういちにちまでです。
(여름방학은 7월 21일부터 8월 31일까지예요.)

3과 **しゅうまつは なにを する？**

1 다음을 듣고 내용에 알맞은 그림을 고르세요.

1 がっこうで ともだちと はなす。(학교에서 친구와 이야기하다.)

2 としょかんで べんきょうを する。(도서관에서 공부를 하다.)

듣기 스크립트

2 다음을 듣고 질문에 알맞은 답을 고르세요.

· 이 사람은 5시에 무엇을 합니까?

わたしの いちにち (나의 하루)

わたしは しちじに おきる。 (나는 7시에 일어난다.)

はちじに ごはんを たべる。 (8시에 밥을 먹는다.)

くじから さんじまで がっこうで べんきょうする。
(9시부터 3시까지 학교에서 공부 한다.)

ごじに ピアノきょうしつに いく。 (5시에 피아노 교실에 간다.)

ろくじから テレビを みる。 (6시부터 텔레비전을 본다.)

くじに ねる。 (9시에 잔다.)

---

① いえに かえる。 (집에 돌아간다.)
② ピアノきょうしつに いく。 (피아노 교실에 간다.)
③ としょかんに いく。 (도서관에 간다.)
④ ごはんを たべる。 (밥을 먹는다.)

4과 しゅみは なあに？

1 대화를 듣고 친구들의 취미를 보기에서 전부 골라 적으세요.

A: しうさんの しゅみは なんですか。 (시우의 취미는 뭐예요?)

B: ほんを よむ ことと ゲームを する ことです。
(책을 읽는 거랑 게임을 하는 거예요.)

かなさんの しゅみは なんですか。 (카나의 취미는 뭐예요?)

A: しゃしんを とる ことと えを かく ことです。
(사진을 찍는 거랑 그림을 그리는 거예요.)

2 대화를 듣고 친구들이 좋아하는 것을 보기에서 전부 골라 적으세요.

A: そらさんは やすみの ひに なにを する ことが すきですか。
(소라는 쉬는 날에 무엇을 하는 것을 좋아해요?)

B: サッカーを する ことが すきです。 (축구를 하는 것을 좋아해요.)

A: テレビを みる ことは すきじゃ ありませんか。
(TV를 보는 것은 좋아하지 않아요?)

B: テレビを みる ことも すきです。 (TV를 보는 것도 좋아해요.)

ゆいさんは やすみの ひに なにを する ことが すきですか。
(유이는 쉬는 날에 무엇을 하는 것을 좋아해요?)

A: ピアノを ひく ことと ゲームを する ことが すきです。
(피아노를 치는 거랑 게임을 하는 것을 좋아해요.)

B: おんがくを きく ことは すきじゃ ありませんか。
(음악을 듣는 것은 좋아하지 않아요?)

A: おんがくを きく ことは あまり すきじゃ ありません。
(음악을 듣는 것은 별로 좋아하지 않아요.)

A サッカーを する こと
(축구를 하는 것)

B テレビを みる こと
(TV를 보는 것)

C おんがくを きく こと
(음악을 듣는 것)

D ピアノを ひく こと
(피아노를 치는 것)

E ほんを よむ こと
(책을 읽는 것)

F ゲームを する こと
(게임을 하는 것)

듣기 스크립트

5과 おいしいもの たべよう。

1 다음을 듣고 내용에 알맞은 답을 고르세요.

らいしゅうから テストだから べんきょうしよう。
(다음 주부터 시험이니까 공부하자.)

2 다음을 듣고 질문에 알맞은 답을 고르세요.

あしたから おかあさんも かいしゃに いくから みんな はやく ねよう。
(내일부터 엄마도 회사에 가니까 모두 일찍 자자.)

あさごはんは しちじはんに たべよう。 (아침밥은 7시반에 먹자.)

じぶんの へやは じぶんで そうじしよう。 (자기 방은 스스로 청소하자.)

· 엄마는 왜 아이들에게 일찍 자자고 말했나요?

① いっしょに あさごはんを つくるから (같이 아침밥을 만드니까)
② おかあさんが かいしゃに いくから (엄마가 회사에 가니까)
③ へやを そうじするから (방을 청소하니까)

6과 いっしょに あそばない？

1 대화를 듣고 내용에 알맞은 그림을 보기에서 골라 적으세요.

① **A:** いっしょに しゃしん とらない？ (같이 사진 찍지 않을래?)
　　B: うん、いいよ。 (응, 좋아)

② **A:** いっしょに ほんを よまない？ (같이 책을 읽지 않을래?)
　　B: いいよ。よもう。 (좋아. 읽자.)

대화를 듣고 내용에 알맞은 단어를 보기에서 골라 적으세요.

2 **A:** いっしょに あそばない？ (같이 놀지 않을래?)

B: いいよ。なにを する？ (좋아. 뭘 할까?)

A: サッカー しない？ (축구하지 않을래?)

B: いいよ。しよう。 (좋아. 하자.)

2 **A:** いっしょに サンドイッチを たべませんか。 (같이 샌드위치를 먹지 않겠어요?)

B: サンドイッチは すきじゃ ないから…。 (샌드위치는 좋아하지 않아서…)

A: じゃあ、ジュースを のみませんか。 (그럼, 주스를 마시지 않겠어요?)

B: いいですね。のみましょう。 (좋아요. 마십시다.)

| **A** サッカー (축구) | **B** サンドイッチ (샌드위치) |
| **C** ほん (책) | **D** ジュース (주스) |

7과 にほんに いきたい。

 대화를 듣고 질문에 알맞은 답을 고르세요.

A: とうきょうに ハリーポッター スタジオが あるよ。
(도쿄에 해리포터 스튜디오가 있어.)

B: へえ、いきたい。 (우와, 가고 싶다.)

A: でも ひとが すごく おおい。 (근데 사람이 엄청 많아.)

B: それでも いきたい。 (그래도 가고 싶어.)

A: かわいい グッズが たくさん ある。 (귀여운 굿즈가 많이 있어.)

B: かなは なにが かいたい？ (카나는 뭘 사고 싶어?)

A: わたしは マフラーが いちばん かいたい。 (난 목도리를 가장 사고 싶어.)

B: わたしは マントが かいたいな。 (난 망토를 사고 싶다.)

1 とうきょうに なにが ありますか。 (도쿄에 무엇이 있습니까?)

2 かなが かいたい ものは なんですか。 (카나가 사고 싶은 것은 무엇입니까?)

듣기 스크립트

8과 なにに なりたい？

1 대화를 듣고 친구들의 장래 희망을 선으로 연결하세요.

① **A:** ゆいさんは しょうらい なにに なりたい？ (유이는 장래 뭐가 되고 싶어?)

　　B: わたしは せんせいに なりたい。 (나는 선생님이 되고 싶어.)

② **A:** しうさんは しょうらい なにに なりたいですか。

　　(시우는 장래 뭐가 되고 싶어요?)

　　B: ぼくは けいさつかんに なりたいです。 (저는 경찰관이 되고 싶어요.)

2 대화를 듣고 친구들이 갖고 싶은 것을 보기에서 골라 적으세요.

① **A:** かなさんは たんじょうび プレゼント なにが ほしい？

　　(카나는 생일선물 뭐가 갖고 싶어?)

　　B: かわいい にんぎょうが ほしい。 (귀여운 인형이 갖고 싶어.)

② **A:** そらさん、いま なにが ほしい？ (소라야 지금 뭐가 갖고 싶어?)

　　B: グローブが ほしい。 (글로브가 갖고 싶어.)

　　A: じてんしゃも ほしい？ (자전거도 갖고 싶어?)

　　B: ううん、ほしくない。 (아니, 갖고 싶지 않아.)

9과 えんぴつ、かして。

1 다음을 듣고 그림에 알맞은 번호를 고르세요.

1
① がんばって。(힘내.)
② かして。(빌려 줘.)
③ れんしゅうして。(연습해.)

2
① ならんで。(줄 서.)
② てつだって。(도와 줘.)
③ なげて。(던져 줘.)

2 대화를 듣고 해당하는 것을 보기에서 골라 적으세요.

1
A: ボール、かして ください。(공. 빌려 주세요.)
B: いいですよ。あとで かえして くださいね。(좋아요. 나중에 돌려 주세요.)

2
A: みんな こっちに きて ください。(모두 이쪽으로 오세요.)
B: はーい。(네.)
A: じゃあ、ならんで ください。(그럼, 줄 서세요.)

A がんばって (힘내)	B おうえんして (응원해)	C きて (와 줘)
D かえして (돌려 줘)	E かして (빌려 줘)	F ならんで (줄 서)

듣기 스크립트

10과 これ、つかっても いい？

1 대화를 듣고 해당하는 것을 보기에서 골라 적으세요.

1 **A:** おかし たべても いい？ (과자 먹어도 돼?)

B: いいよ。いっしょに たべよう。 (괜찮아. 같이 먹자.)

A: スマホを つかっても いい？ (스마트폰 사용해도 돼?)

B: じゅぎょうちゅうだから、だめだよ。 (수업 중이니까 안 돼.)

A スマホを つかう	**B** おかしを たべる	**C** おんがくを きく
(스마트폰을 사용하다)	(과자를 먹다)	(음악을 듣다)

---

2 **A:** ジュースを のんでも いいですか。 (주스를 마셔도 돼요?)

B: みずは のんでもいいです。でも、ジュースは だめですよ。
(물은 마셔도 돼요. 하지만 주스는 안 돼요.)

A: まんがを よんでも いいですか。 (만화를 읽어도 돼요?)

B: ほんは よんでも いいです。でも、まんがは だめですよ。
(책은 읽어도 돼요. 하지만 만화는 안 돼요.)

A マンガを よむ	**B** ジュースを のむ
(만화를 읽다)	(주스를 마시다)
C ほんを よむ	**D** みずを のむ
(책을 읽다)	(물을 마시다)

11과 りょこう、たのしかった？

1 대화를 듣고 둘 중 알맞은 그림 쪽에 동그라미 하세요. (O)

A: やすみは どこに いきましたか。 (방학에는 어디에 갔어요?)

B: にほんに いきました。 (일본에 갔어요.)

A: にほんは どうでしたか。 (일본은 어땠어요?)

B: にぎやかでした。 (번화했어요.)

A: てんきは どうでしたか。 (날씨는 어땠어요?)

B: ほんとうに さむかったです。 (정말 추웠어요.)

A: にほんで なにを たべましたか。 (일본에서 뭘 먹었어요?)

B: すしを たべました。 (초밥을 먹었어요.)

A: すしは どうでしたか。 (초밥은 어땠어요?)

B: すごく おいしかったです。 (굉장히 맛있었어요.)

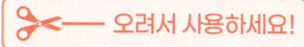

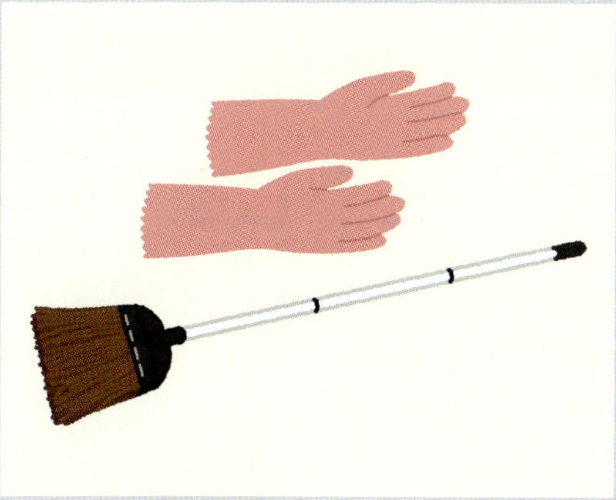

べんきょう
しよう

そうじを
しよう

ほんを よもう

なかよく
しよう

ともだちに
あいさつ しよう

せんせいに
あいさつ しよう

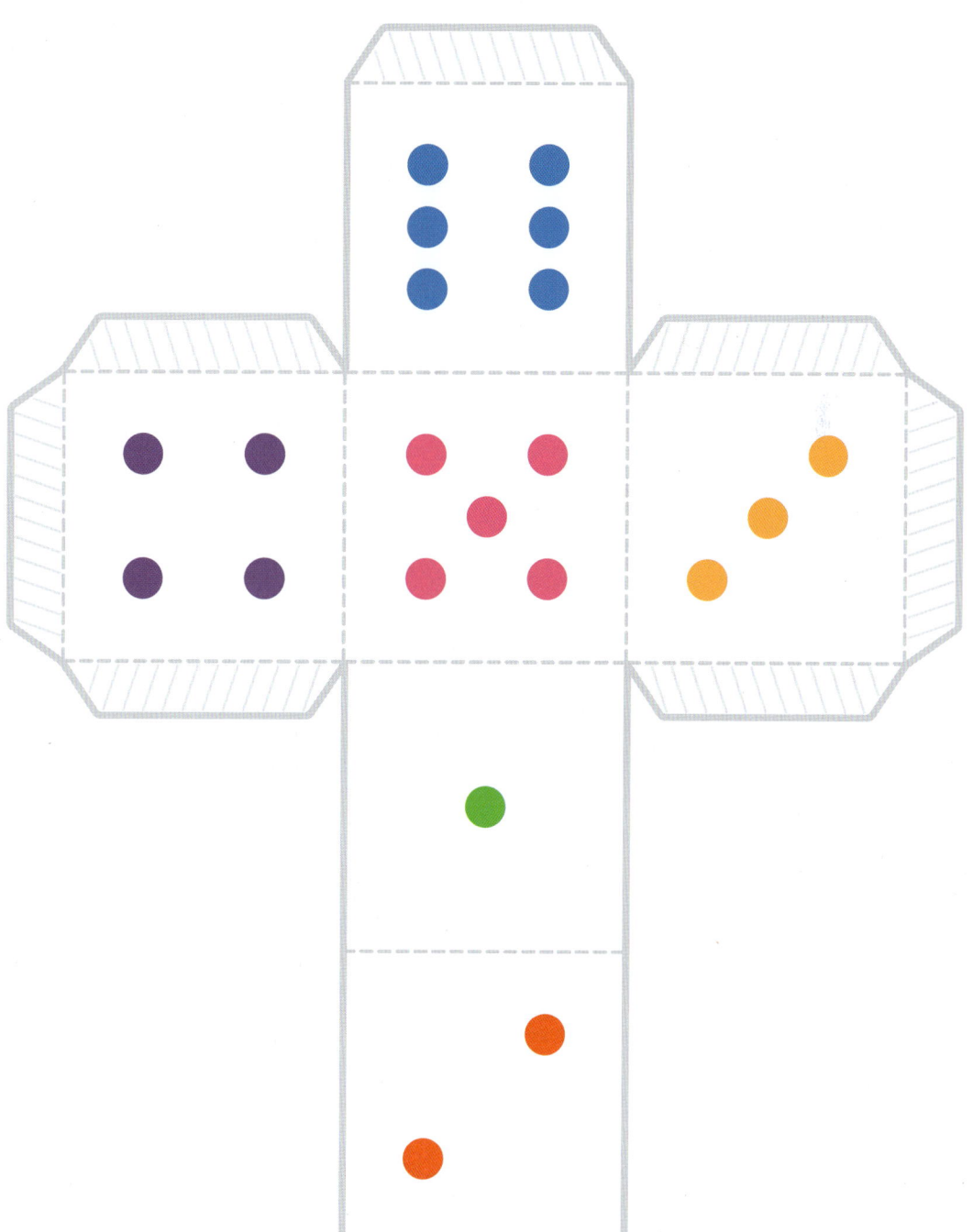

1과

13쪽

おべんとう

おにぎり

かさ

ジュース

アイスクリーム

18쪽

510엔

430엔

450엔

サラダ
190엔

150엔

250엔

240엔

320엔

190엔

POTATO
280엔

스티커 부록 2

18쪽

 210엔
 120엔
 230엔
 150엔

 110엔
 110엔
 170엔

2과

23쪽

にがつ	くがつ	ごがつ	しがつ
しちがつ	いちがつ	はちがつ	ろくがつ
さんがつ	じゅうがつ	じゅうにがつ	じゅういちがつ

3과

33쪽

のむ	みる	よむ
はなす	うんどうする	きく
べんきょうする	たべる	

4과

43쪽

とる こと	みる こと	きく こと	しゅみ
つくる こと	かく こと	する こと	ひく こと
よむ こと			

5과

53쪽

のろう	あおう	あそぼう	そうじしよう
みよう	つくろう	うんどうしよう	のもう
いこう			

6과

63쪽

よまない	とらない	みない
たべない	しない	のまない
かかない	のらない	あそばない

7과

73쪽

はなみが したい

ゆきがっせんが したい

こうようが みたい

はなびが みたい

8과

83쪽

ほしい

なりたい

やきゅうせんしゅ

ゲームき

せんせい

じてんしゃ

いしゃ

けいさつかん

스티커 부록 6

9과

93쪽

して	てつだって	がんばって	ならんで
きて	とって	まって	かして

10과

103쪽

つかっても いい　　たべても いい　　きいても いい

よんでも いい

11과

113쪽

にぎやかだった	よかった	しずかだった
おいしかった	あつかった	きれいだった
たいへんだった	おもしろかった	たのしかった

자유롭게 붙여보세요!

よくできました！

외국어 출판 45년의 신뢰
외국어 전문 출판 그룹
동양북스가 만드는 책은 다릅니다.

45년의 쉼 없는 노력과 도전으로 책 만들기에 최선을 다해온
동양북스는 오늘도 미래의 가치에 투자하고 있습니다.
대한민국의 내일을 생각하는 도전 정신과 믿음으로 최선을 다하겠습니다.

동양북스

| 일본어뱅크 |

쉽게 따라하고 쉽게 배우는 STEP 2

좋아요 주니어 일본어

· 가타카나 쓰기노트 ·

동양북스

쉽게 따라하고 쉽게 배우는 STEP 2

좋아요 주니어 일본어

· 가타카나 쓰기노트 ·

📖 동양북스

가타카나

가타카나는 모음 [ㅏ, ㅣ, ㅜ, ㅔ, ㅗ]에 다양한 자음을 넣어서
만드는 글자와 [야, 유, 요, 와, 응]이 더해져 총 46자예요.

	ア단	イ단	ウ단	エ단	オ단
ア행	ア 아(a)	イ 이(i)	ウ 우(u)	エ 에(e)	オ 오(o)
カ행	カ 카(ka)	キ 키(ki)	ク 쿠(ku)	ケ 케(ke)	コ 코(ko)
サ행	サ 사(sa)	シ 시(shi)	ス 스(su)	セ 세(se)	ソ 소(so)
タ행	タ 타(ta)	チ 치(chi)	ツ 츠(tsu)	テ 테(te)	ト 토(to)
ナ행	ナ 나(na)	ニ 니(ni)	ヌ 누(nu)	ネ 네(ne)	ノ 노(no)

ア단	イ단	ウ단	エ단	オ단	
ハ	ヒ	フ	ヘ	ホ	ハ 행
하(ha)	히(hi)	후(fu)	헤(he)	호(ho)	
マ	ミ	ム	メ	モ	マ 행
마(ma)	미(mi)	무(mu)	메(me)	모(mo)	
ヤ		ユ		ヨ	ヤ 행
야(ya)		유(yu)		요(yo)	
ラ	リ	ル	レ	ロ	ラ 행
라(ra)	리(ri)	루(ru)	레(re)	로(ro)	
ワ				ヲ	ワ 행
와(wa)				오(o)	
ン					ン 행
응(n/m)					

가타카나 청음

자음 [ㅇ, ㅋ, ㅅ, ㅌ, ㄴ, ㅎ, ㅁ, ㄹ]이 들어가는 맑은 소리예요.

ア 아[a]	⁷	⁷ア	ア	ア	ア	ア	ア

イ 이[i]	ノ	ノ	イ	イ	イ	イ	イ

ウ 우[u]	`	ヽ	ウ	ウ	ウ	ウ	ウ

エ 에[e]	ー	ㄱ	エ	エ	エ	エ	エ

オ 오[o]	ー	ナ	オ	オ	オ	オ	オ

カ	フ	カ	カ	カ	カ	カ	カ
카[ka]							

キ	一	二	キ	キ	キ	キ	キ
키[ki]							

ク	ノ	ク	ク	ク	ク	ク	ク
쿠[ku]							

ケ	ノ	ト	ケ	ケ	ケ	ケ	ケ
케[ke]							

コ	ㄱ	コ	コ	コ	コ	コ	コ
코[ko]							

サ	一	十	サ	サ	サ	サ	サ
사[sa]							

シ	`	`	シ	シ	シ	シ	シ
시[shi]							

ス	フ	ス	ス	ス	ス	ス	ス
스[su]							

セ	ㄱ	セ	セ	セ	セ	セ	セ
세[se]							

ソ	`	ソ	ソ	ソ	ソ	ソ	ソ
소[so]							

タ	ノ	ク	タ	タ	タ	タ	タ
타[ta]							

チ	㇒	二	チ	チ	チ	チ	チ
치[chi]							

ツ	`	``	ツ	ツ	ツ	ツ	ツ
츠[tsu]							

テ	㇒	二	テ	テ	テ	テ	テ
테[te]							

ト	㇑	ト	ト	ト	ト	ト	ト
토[to]							

가타카나 청음

ナ	一	ナ	ナ	ナ	ナ	ナ	ナ
나[na]							

二	一	二	二	二	二	二	二
니[ni]							

ヌ	フ	ヌ	ヌ	ヌ	ヌ	ヌ	ヌ
누[nu]							

ネ	`	ラ	ネ	ネ	ネ	ネ	ネ
네[ne]							

ノ	ノ	ノ	ノ	ノ	ノ	ノ	ノ
노[no]							

ハ	ノ	ハ	ハ	ハ	ハ	ハ	ハ
하[ha]							

ヒ	`	ヒ	ヒ	ヒ	ヒ	ヒ	ヒ
히[hi]							

フ	フ	フ	フ	フ	フ	フ	フ
후[fu]							

ヘ	ヘ	ヘ	ヘ	ヘ	ヘ	ヘ	ヘ
헤[he]							

ホ	一	ナ	オ	ホ	ホ	ホ	ホ
호[ho]							

マ 마[ma]	フ	フ	マ	マ	マ	マ	マ

ミ 미[mi]	`	二	ミ	ミ	ミ	ミ	ミ

ム 무[mu]	㇑	ム	ム	ム	ム	ム	ム

メ 메[me]	ノ	メ	メ	メ	メ	メ	メ

モ 모[mo]	一	二	モ	モ	モ	モ	モ

ヤ	﹁	ヤ	ヤ	ヤ	ヤ	ヤ	ヤ
야[ya]							

ユ	フ	ユ	ユ	ユ	ユ	ユ	ユ
유[yu]							

ヨ	フ	ヲ	ヨ	ヨ	ヨ	ヨ	ヨ
요[yo]							

헷갈리는 글자 똑바로 쓰기

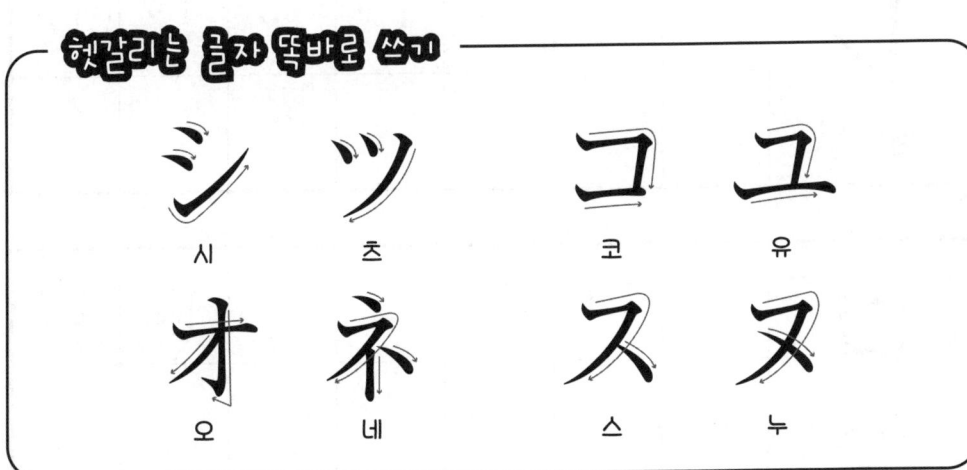

シ 시   ツ 츠   コ 코   ユ 유

オ 오   ネ 네   ス 스   ヌ 누

가타카나 청음

ラ 라[ra]	¯	ラ	ラ	ラ	ラ	ラ	ラ	ラ

リ 리[ri]	㇄	リ	リ	リ	リ	リ	リ	リ

ル 루[ru]	ノ	ル	ル	ル	ル	ル	ル	

レ 레[re]	レ	レ	レ	レ	レ	レ	レ	

ロ 로[ro]	㇑	ㄇ	ロ	ロ	ロ	ロ	ロ	ロ

ワ	ヽ	ワ	ワ	ワ	ワ	ワ	ワ
와[wa]							

ヲ	フ	ヲ	ヲ	ヲ	ヲ	ヲ	ヲ
오[o]							

ン	ヽ	ン	ン	ン	ン	ン	ン
응[n/m]							

헷갈리는 글자 똑바로 쓰기

ソ ン ラ ヲ
소 응 라 오

가타카나 탁음

글자 오른쪽 위에 탁점(˝)을 붙여 [ㅋ, ㅅ, ㅌ, ㅎ]가 [ㄱ, ㅈ, ㄷ, ㅂ]으로 발음되는 탁한 소리예요.

ガ 가[ga]	フ	カ	ガ	ガ	ガ	ガ	ガ

ギ 기[gi]	一	二	キ	キ	ギ	ギ	ギ

グ 구[gu]	ノ	ク	グ	グ	グ	グ	グ

ゲ 게[ge]	ノ	⺈	ケ	ケ	ゲ	ゲ	ゲ

ゴ 고[go]	フ	コ	ゴ	ゴ	ゴ	ゴ	ゴ

ザ	一	十	サ	ザ	ザ	ザ	ザ
자[za]							

ジ	`	``	シ	シ	ジ	ジ	ジ
지[ji]							

ズ	フ	ス	ズ	ズ	ズ	ズ	ズ
즈[zu]							

ゼ	一	セ	セ	ゼ	ゼ	ゼ	ゼ
제[ze]							

ゾ	`	ソ	ゾ	ゾ	ゾ	ゾ	ゾ
조[zo]							

ダ	ノ	ク	タ	ダ	ダ	ダ	ダ
다[da]							

ヂ	ー	ニ	チ	チ	ヂ	ヂ	ヂ
지[ji]							

ヅ	`	``	ツ	ヅ	ヅ	ヅ	ヅ
즈[zu]							

デ	ー	ニ	テ	テ	デ	デ	デ
데[de]							

ド	｜	ト	ド	ド	ド	ド	ド
도[do]							

バ	ノ	ハ	バ	バ	バ	バ	バ
바[ba]							

ビ	゛	ヒ	ビ	ビ	ビ	ビ	ビ
비[bi]							

ブ	フ	ブ	ブ	ブ	ブ	ブ	ブ
부[bu]							

ベ	ヘ	ベ	ベ	ベ	ベ	ベ	ベ
베[be]							

ボ	一	ナ	オ	ホ	ボ	ボ	ボ
보[bo]							

가타카나 반탁음

글자 오른쪽 위에 반탁점(˚)을 붙여 [ㅎ]가 [ㅍ]으로 발음되는 소리예요.

パ	ノ	ハ	パ	パ	パ	パ	パ
파[pa]							

ピ	ˋ	ヒ	ピ	ピ	ピ	ピ	ピ
피[pi]							

プ	フ	プ	プ	プ	プ	プ	プ
푸[pu]							

ペ	ヘ	ペ	ペ	ペ	ペ	ペ	ペ
페[pe]							

ポ	一	ナ	オ	ホ	ポ	ポ	ポ
포[po]							

ピ	゛	ヒ	ピ	ピ	ピ	ピ	ピ
피[pi]							

プ	フ	プ	プ	プ	プ	プ	プ
푸[pu]							

ペ	ヘ	ペ	ペ	ペ	ペ	ペ	ペ
페[pe]							

ポ	一	ナ	オ	ホ	ポ	ポ	ポ
포[po]							

가타카나 요음

모음 [ㅣ]가 들어간 글자에 [ヤ, ュ, ョ]를 붙여 한 음으로 발음해요.

キャ	キャ	キュ	キュ	キョ	キョ
캬[kya]		큐[kyu]		쿄[kyo]	

ギャ	ギャ	ギュ	ギュ	ギョ	ギョ
갸[gya]		규[gyu]		교[gyo]	

シャ	シャ	シュ	シュ	ショ	ショ
샤[sya]		슈[syu]		쇼[syo]	

가타카나 요음

ジャ	ジャ	ジュ	ジュ	ジョ	ジョ
쟈[ja]		쥬[ju]		죠[jo]	

チャ	チャ	チュ	チュ	チョ	チョ
챠[cha]		츄[chu]		쵸[cho]	

ニャ	ニャ	ニュ	ニュ	ニョ	ニョ
냐[nya]		뉴[nyu]		뇨[nyo]	

ヒャ	ヒャ	ヒュ	ヒュ	ヒョ	ヒョ
햐[hya]		휴[hyu]		효[hyo]	

ビャ	ビャ	ビュ	ビュ	ビョ	ビョ
뱌[bya]		뷰[byu]		뵤[byo]	

ピャ	ピャ	ピュ	ピュ	ピョ	ピョ
퍄[pya]		퓨[pyu]		표[pyo]	

가타카나 요음

ミヤ 야[mya]	ミヤ	ミュ 유[myu]	ミュ	ミョ 묘[myo]	ミョ

リヤ 랴[rya]	リヤ	リュ 류[ryu]	リュ	リョ 료[ryo]	リョ

쉽게 따라하고 쉽게 배우는 STEP2

좋아요
주니어
일본어